dtv

Liebe ist eine Himmelsmacht und folglich ein Schicksal, in das man sich zu fügen hat. Oder doch nicht? Wer Amor auf die Sprünge helfen will, der lasse sich von Ditte und Giovanni Bandini einweihen in jahrhundertealte Geheimnisse der Liebesmagie. Ob es darum geht, den Romeo mit Beschwörungsformeln zu bestricken, mit Amuletten auf Herzensfang zu gehen, Orakel zu befragen, Liebestränke zu brauen oder magische Rituale durchzuführen – dieses Buch zeigt den erprobten Weg zum Liebesglück, sorgfältig recherchiert und verlässlich. Erfahren Sie, wie Sie mit schlichten Zutaten wie Liebstöckel oder Eiern und einfachen Hilfsmitteln wie einem Ring oder Nadel und Faden wahre Wunder bei Ihrem oder Ihrer Liebsten vollbringen können! Und wer es noch genauer wissen will, findet im »verbotenen Kapitel« allerlei Zaubereien zum Staunen und Gruseln.

Ditte Bandini, geboren 1956, studierte Völkerkunde, Religionsgeschichte und Indologie. Sie arbeitet an der Heidelberger Akademie der Wissenschaften sowie als freie Schriftstellerin und Übersetzerin.

Giovanni Bandini, geboren 1951, studierte Indologie, Vergleichende Religionswissenschaft und Indische Kunstgeschichte. Er unterrichtete an der Universität Heidelberg und arbeitet seit 1987 als freier Übersetzer.

Von Ditte und Giovanni Bandini sind bei <u>dtv</u> erschienen: ›Kleines Lexikon des Aberglaubens‹, ›Kleines Lexikon des Hexenwesens‹ und ›Who's who im Himmel‹.

Ditte und Giovanni Bandini

Zauber der Liebe

Beschwörungsformeln, Riten und Rezepte

Deutscher Taschenbuch Verlag

Von Ditte und Giovanni Bandini sind
im Deutschen Taschenbuch Verlag erschienen:
Kleines Lexikon des Aberglaubens (20210)
Kleines Lexikon des Hexenwesens (20290)
Who's who im Himmel (32539)

Originalausgabe
Mai 2001
© Deutscher Taschenbuch Verlag GmbH & Co. KG, München
www.dtv.de
Umschlagkonzept: Balk & Brumshagen
Umschlaggestaltung unter Verwendung
einer Freske von Domenichino
Gestaltung: Norbert Pautner
Illustrationen im Innenteil: Norbert Pautner
Satz: Filmsatz Schröter GmbH, München
Gesetzt aus der ITC Berkeley
Druck und Bindung: C. H. Beck'sche Buchdruckerei, Nördlingen
Gedruckt auf säurefreiem, chlorfrei gebleichtem Papier
Printed in Germany · ISBN 3-423-20422-2

Unseren Müttern
Helga und Lucia,
die nicht an Liebeszauber glauben –
an den Zauber der Liebe allerdings schon.

Wir danken von Herzen Katharina Festner, die uns zu guter Letzt doch erlaubte, über verbotene Dinge zu schreiben, und Andrea Löhndorf, die von vornherein nichts dagegen hatte.

Inhalt

Vorwort

Liebe – sagt man schön und richtig –
ist ein Ding, was äußerst wichtig.

Dies schrieb Wilhelm Busch so treffend, und nicht viele werden ihm hierin widersprechen. Die eine oder der andere aber werden vielleicht seufzen und sagen: »Alles schön und gut, doch dazu gehören zwei. Und Peter (oder Paul oder Anna oder Karin) liebt mich nun mal nicht.« Wie es sich trifft, haben wir genau für solch betrübliche Fälle dieses Büchlein geschrieben. Aber nicht nur! Die unglücklich Verliebten können es statt mit Weinen mit einem Liebeszauber versuchen – die Mauerblümchen, Verwitweten, Sitzengelassenen, Betrogenen, Vernachlässigten aber ebenso. Männer wie Frauen, versteht sich. Denn alle Rezepte, die wir ausfindig gemacht haben, sind für beide Geschlechter und sämtliche möglichen Kombinationen zwischen diesen Geschlechtern gedacht. Im Buch selbst haben wir aus Gründen der Lesbarkeit in diesem Punkt allerdings einige Kompromisse eingehen müssen. Wir bitten also Frauenrechtlerinnen ebenso wie Männergruppler um Nachsicht und Verzeihung, wenn wir nicht immer politisch korrekt gewesen sind und an einigen Stellen die männliche, an anderen die weibliche Form unter den Tisch fallen lassen mussten.

Dafür können wir aber ehrlichen Herzens sagen, dass es sich bei allen Orakeln und Liebeszaubern um echte Rezepte handelt. »Echt« bedeutet, dass wir sie uns nicht ausgedacht haben, sondern dass sie in der einen oder anderen Form überliefert wurden. Viele von ihnen sind seit Jahrhunderten bekannt und vielfach erprobt – und zwar mit gutem Erfolg, wie es heißt. Das ist nebenbei bemerkt auch der Grund, warum jeder, der die Liebeszauberei ernst nimmt, sein eigenes Büchlein besitzen sollte: *Echte Zauberbücher* (und das hier ist eins) verleiht man nicht!

Unser Buch dient also einerseits ganz konkreten praktischen Zwecken und wir haben uns deswegen bemüht, aus der Flut von überlieferten Rezepten solche auszusuchen, die leicht durchzuführen sind. Andererseits ist das Büchlein zum Lesen gedacht, denn Liebeszauber fallen nicht vom Himmel, sondern spiegeln all das wider, woran unsere Vorfahren unerschütterlich glaubten. Wir erzählen also von Zauberpflanzen, -tieren und -tagen, der Macht der Haare, Nadeln und Knoten und sonst noch allerlei, was zu wissen sicherlich nicht schaden kann. Und wer mehr wissen möchte oder noch Fragen hat, mag sich getrost an uns wenden.

Erstes Kapitel

Vom Zauber der Liebe und vom Liebeszauber

Wir alle wissen aus eigener Erfahrung, dass die Liebe etwas Wunderbares ist, ja, wie der Dichter sagt: eine wahre Himmelsmacht. Sie trifft uns wie ein Blitzschlag oder schleicht sich auf Katzenpfötchen still und leise ins ahnungslose Herz und richtet sich dort, ohne zu fragen, häuslich ein. Gegenwehr ist zwecklos. Wir sind gefangen, ob wir wollen oder nicht. Trifft sie auf Gegenliebe, ist das auch weiter kein Problem: Man heiratet, bekommt zwei Kinder und ist glücklich bis an sein Lebensende ... oder so.

Was aber, wenn die plötzlich entstandene oder allmählich gewachsene Liebe *nicht* erwidert wird? Was, wenn der (oder die) Angebetete uns die kalte Schulter oder – noch schlimmer – überhaupt keine Regung zeigt und gleichgültig seiner Wege geht? Auf Annäherungsversuche nicht reagiert, Briefe unbeantwortet lässt, bei Anrufen den Hörer auflegt oder die Mailbox einschaltet, Verabredungen (sofern es wirk-

lich so weit gekommen sein sollte) schlichtweg vergisst?
Oder gar (der Horror! der Horror!) eine andere liebt – was
dann?

Apathisch auf dem Bett liegend unser Schicksal bekla-
gen? Berge von Tempos voll schluchzen? Aus lauter Kummer
einen Schokoriegel nach dem anderen verspachteln? Uns in
verzweifelte Abenteuer stürzen?

Jeder geht vermutlich anders mit einer solchen Situation
um – für jeden aber ist sie furchtbar. Oder wie der oft unglücklich verliebte Heinrich Heine es so schlicht und treffend
ausdrückt:

> *Es ist eine alte Geschichte,*
> *doch bleibt sie immer neu,*
> *und wem sie just passieret,*
> *dem bricht das Herz entzwei.*

Ob es nun aber die Schokolade ist oder die verzweifelten
Abenteuer – alles läuft letztlich darauf hinaus, dass man sich
in irgendeiner Weise mit seinem Los abfindet und allenfalls
hofft, dass doch noch ein Wunder geschieht oder die eigene
unstillbare Leidenschaft nach und nach doch abflaut und der
Kummer irgendwann ein Ende nimmt.

Das aber – seien wir doch ehrlich – ist irgendwie der Weg
der Schlappschwänzinnen und Weichpflaumen. Für ganz Be-
harrliche und wirklich schrecklich Verliebte gibt es dagegen
die Möglichkeit, dem Schicksal durch Zauberei ein wenig auf
die Sprünge zu helfen und die störrische Himmelsmacht gezielt zu beeinflussen.

Ein Versuch kann ja schließlich nicht schaden. Schließlich haben Menschen aller Kulturkreise es seit Jahrtausenden
mit den unterschiedlichsten Methoden und Zaubereien pro-
biert. Bei aller Vielfalt sind sich diese Zaubereien auf der

ganzen Welt seltsam ähnlich. Ja, sie gleichen sich so sehr, dass selbst der Ungläubigste eigentlich stutzig werden und sich fragen müsste, ob nicht vielleicht *doch* irgendetwas daran ist. Ob nicht hinter vielem, was wie Hokuspokus anmutet, doch etwas Wahres steckt – etwas, das durch naturwissenschaftliche Untersuchungen nicht erklärt werden kann und das dennoch existiert.

Können sich so viele Menschen durch so viele Jahrtausende hindurch geirrt haben? Wenn sie davon überzeugt waren, dass die Natur, die Gesundheit und vor allem die Gefühle auf magische Weise beeinflusst werden konnten – haben sie sich die Wirkungen ihrer Zauberhandlungen nur eingebildet? Schamanen, Hexen, Medizinmänner und -frauen, Magier, Schwarzkünstler, Zauberer und Zauberinnen – sie alle befassten sich und befassen sich vielerorts noch heute mit dieser Realität zwischen den Welten. Sie bedienen sich geheimnisvoller Formeln, Gegenstände und Handlungen, um Krankheiten zu heilen, Fruchtbarkeit für Mensch, Tier und Felder zu bewirken, den Regen herbeizuholen und die Dürre zu beenden. Alles fauler Zauber?

Die meisten, wenn nicht alle Naturwissenschaftler würden die Frage wohl mit einem klaren Ja beantworten.

Wenn die australischen Aborigines ihre Regensteine ausbuddeln, darüber ihre Beschwörungen absingen und es anschließend tatsächlich seit Jahren das erste Mal wieder wie aus Kübeln schüttet – dann war das eben schlichter Zufall oder die »Zauberer« haben lediglich den richtigen Augenblick abgepasst. Die hartnäckige Gürtelrose, die nach mehrmaligem Bepusten urplötzlich verschwindet, ist, so würden die Rationalisten mit Sicherheit behaupten, nicht durch diese Maßnahme, sondern eben von selbst geheilt. Und im Übrigen ist alles, was nicht bewiesen werden kann, sowieso als

nichtexistent abzulehnen. Da ja nicht sein kann, was nicht sein darf. Oder?

Es dürfte sich erübrigen, mit solchen Rationalisten zu streiten, denn es ist die stets gleiche Argumentation. Aber eine in diesem Zusammenhang immer wieder zu hörende Entgegnung hilft vielleicht auch hier weiter: Welche Anmaßung unsererseits ist es doch zu glauben, wir könnten mit unserem bisschen Verstand das Weltall ausloten und alles begreifen! Und warum sollte etwas, das wir, bloße Ameisen angesichts des Universums, nicht imstande sind zu beweisen, tatsächlich nicht existieren!

Über dieses Problem haben sich schon sehr viele kluge Menschen die Köpfe zerbrochen – und es nicht klären können. Wir wollen es daher auf sich beruhen lassen oder mit einer abschließenden Frage an die Naturwissenschaftler in den Raum stellen: Ist nicht vielleicht, Hand aufs Herz, auch ein kleines bisschen Angst dabei, wenn Unerklärliches und Unbeweisbares strikt abgelehnt wird? Angst davor, den fest auf begreifbaren Tatsachen ruhenden Boden unter den Füßen zu verlieren? Sei's drum. Mag jeder für sich im stillen Kämmerlein das eigene Herz erforschen – wenn er es denn kann!

Kram aus deinem Nähkästchen ein hübsches Häkchen mit dazu passender Öse hervor, warte einen für Zauber geeigneten Tag ab – am besten Johanni, Weihnachten oder Silvester – und sieh zu, dass du in die Nähe dessen kommst, den du bezaubern möchtest. Achte auf eine günstige Gelegenheit, nimm Haken und Öse zwischen die Zähne oder überhaupt in den Mund und berühre den Angebeteten irgendwo mit den Lippen (vielleicht kannst du ihm ja einen flüchtigen Kuss auf die Backe geben).

Anschließend ziehst du dich an einen ungestörten Ort zurück, nimmst Haken und Öse wieder aus dem Mund und verhakst sie, so fest du kannst, ineinander. Dabei sprichst du leise: »Wenn sich diese zwei voneinander trennen, dann sollen auch wir zwei [Achim und Irmtraud oder wie ihr nun heißt] uns trennen.«

Vergrab nun dein Zauberwerkzeug an einer sicheren Stelle, zum Beispiel unter einem Baum oder auf einem Kreuzweg, oder wirf es in ein fließendes Gewässer.

Ohne Fleiß kein Preis

Wenn wir eingangs sagten, es könne ja nicht schaden, es mit einem Liebeszauber zu probieren – so könnte hier ein falscher Eindruck entstanden sein, den wir unbedingt korrigieren müssen. Einer solchen lakonischen und etwas herablassenden Formulierung würde sich ausschließlich der aufgeklärte Europäer von heute bedienen.

Magie und Zauberei wurden nämlich nicht wie heutzutage bei uns als Albernheiten, als lächerlicher Aberglaube betrachtet, auf den allenfalls Kinder und alte Frauen hereinfielen. Nein, man *wusste*, dass Zaubereien jeder Art selbstverständlich wirken – sofern sie richtig ausgeführt werden, versteht sich! Und man wusste es nicht nur bei den Hinterwäldlern, im fernen Afrika bei den Buschmännern oder bei den Eingeborenen Australiens, sondern auch hier in Europa, von Skandinavien bis Italien, von Portugal bis nach Russland, und zwar bis vor noch gar nicht langer Zeit.

Bis auf den heutigen Tag ist es im gesamten Orient vollkommen selbstverständlich, bestimmte kundige Personen

bei Bedarf um Liebesamulette und genaue Anweisungen für Liebeszauber zu bitten. Wenn also in muslimischen Ländern die Eltern der Geliebten gegen eine Heirat sind, werden sie buchstäblich vom ungewollten Schwiegersohn in spe bezaubert. Oder umgekehrt. Der Verliebte lässt sich beispielsweise von einem darin Bewanderten ein Stück Papier mit Zaubersprüchen und passenden Koranversen beschreiben, beißt fest darauf und schaut dabei in die Richtung, in der sich das Haus der Geliebten befindet. Dabei wird die Sache, also die Zauberhandlung als solche, natürlich in jeder Hinsicht ernst genommen, und auch der ... nennen wir ihn Zauberer ... wird hoch geschätzt, geachtet und zuweilen auch gefürchtet.

Wenn man das weiß, wird eigentlich klar, dass keine Zauberei – und sei es das Entfernen einer kleinen Warze – mit einem augenzwinkernd ausgeführten netten kleinen Zauberspruch erledigt ist! Das ist was fürs Kasperletheater, wo mit einem »Hokus, pokus, fidibus, dreimal schwarzer Kater« die arme Gretel zur Gaudi der kleinen Zuschauer in ein rosa Schweinchen oder in die alte Großmutter verwandelt wird.

Also rasch über Bord mit etwaigen bequemen, aber leider falschen Vorstellungen, dass man beispielsweise um wiedergeliebt zu werden, nur dreimal »Du liebst mich, du liebst mich, du liebst mich« zu sagen und seine Lippen innig auf das Bild des Angeschmachteten zu pressen braucht. So einfach ist die Sache nicht – und, seien wir ehrlich, sollte sie doch wohl auch nicht sein. Denn wer nicht bereit ist, die geringste Unbequemlichkeit auf sich zu nehmen oder, wie die Südslawen es sagen würden, »durch tausend Wässerlein zu waten und tausend Berglein zu erklimmen«, um die Geliebte zu erringen – der hat erstens kein wirklich ernsthaftes Verlangen nach ihr und verdient sie zweitens deswegen eigentlich auch gar nicht.

Jeder Sportler weiß, dass Siege in exaktem Verhältnis zum Einsatz stehen, den man bereit ist, auf sich zu nehmen. Nur der bekommt Preise, der sich nicht die Nächte in der Disco um die Ohren schlägt oder gemütlich in den Tag hinein lebt, sondern Stunde um Stunde verbissen trainiert. Warum sollte das in anderen Bereichen des Lebens anders sein?

Es ist nun aber nicht so, dass von demjenigen, der einen Liebeszauber anwenden möchte, monatelange harte Kasteiungen verlangt werden – keineswegs! Er muss noch nicht einmal auf tausend Berglein klimmen. Wie in den folgenden Kapiteln gezeigt wird, sind die allermeisten der hier wiedergegebenen Rezepte ohne größere Schwierigkeiten zu bewältigen.

Nur eines ist klar oder sollte es zumindest sein: Je größer das eigene Engagement ist und je mehr von den im zweiten Kapitel beschriebenen Voraussetzungen erfüllt werden, desto größer ist auch die Chance, dass der Zauber tatsächlich wirkt – oder zumindest der Glaube an die Wirkung. Und hat der Glaube schließlich nicht schon mehr als einmal Berge versetzt? Denen aber, die sich weder das eine noch das andere vorstellen können, müsste doch zumindest Folgendes einleuchten: Allein das Wissen um die Mühen, die sich jemand unseretwegen machte, dürfte doch wohl ausreichen, um bislang nicht vorhandene Gefühle für diesen Jemand zu erzeugen. Oder wäre das dann doch die Wirkung des Liebeszaubers?

 *Wenn im Frühling der Mohn blüht, such dir an einem der »guten« Tage (schau hierzu im zweiten Kapitel nach) schweigend eine schöne Pflanze. Brich die Samenkapsel einer abgeblühten Mohnblüte ab*

und nimm sie mit nach Hause. Sobald du heraus-bekommen hast, durch welche Tür dein/e Aus-erwählte/r zu einem bestimmten Zeitpunkt gehen wird (vielleicht in die Schule oder die Disco), zer-schneid die Samenkapsel und bestreich die eine Hälfte mit Honig, die andere mit Butter. Du musst an Ort und Stelle sein, bevor er (oder sie) eintrifft, und je eine Hälfte links und rechts neben die Tür legen, durch die er gehen wird. Sobald er eingetreten ist, holst du beide Hälften wieder hervor, legst sie an-einander und gräbst sie an einer guten Stelle, wenn möglich unter einer Dachtraufe, ein. Dazu sprichst du leise dreimal: »Sowenig wie ein Regentröpflein ohne Löchlein, sowenig soll mein Liebster (Peter, Klaus, Benjamin …) ohne mich denkbar sein.«

Liebeszauber für jeden Zweck

Landläufig wird mit dem Wort Liebeszauber automatisch der Gedanke an Jugend verbunden. Chronisch unglück-lich verliebt ist man als Teenager oder doch spätestens bis man sich verheiratet. Dann hat sich dieses bis dahin so wesentliche Problem erledigt – wie uns die zahllosen Film-Happy-Ends auch tatkräftig vor Augen führen oder vielmehr weismachen wollen. In vielen Fällen stimmt das auch, in sehr vielen anderen aber leider nicht. Die so innig geschwo-rene Liebe weicht der Gleichgültigkeit, verwandelt sich in Abneigung oder wendet sich irgendwann jemand anderem zu. Und ewig lockt das Weib oder der Mann, je nachdem.

Haben wir also auf welche Weise auch immer den oder die Geliebte endlich errungen, so sind, wie die zahllosen Ehescheidungen nachdrücklich beweisen, eben doch nicht

immer eitel Freud und Sonnenschein bis in das hohe Alter hinein garantiert. Denn die Liebe gilt es zu erhalten und zu bewahren. Und das begann in früheren Zeiten – im Orient noch heute – gewissermaßen an der Wurzel, nämlich bei der Hochzeit. Ob Amulette, Beschwörungen oder regelrechte Zaubereien – erlaubt war alles, und der Möglichkeiten waren viele, um Treue, Liebe und Begehren des Partners sicherzustellen.

Apropos Begehren: Die Impotenz des Mannes und die Unfruchtbarkeit der Frau dürften mit zu den weltweit auch heute noch am meisten gefürchteten Ehetragödien gehören. Und da man früher von beiden Übeln glaubte, dass sie nicht auf natürliche Weise, sondern nur durch üble Zauberei böswilliger Zeitgenossen entstanden, wurden Braut und Bräutigam vorbeugend dagegen gefeit.

Doch auch wenn das Übel passiert war, kannte und kennt man diverse Mittel, um die Sache wieder in Ordnung zu bringen – und zwar ganz ohne Viagra. Dass dabei das Begehren Voraussetzung ist, versteht sich von selbst. Und so gab es auch hierfür die unterschiedlichsten Möglichkeiten. Die einen banden sich lediglich Beifuß auf die Schenkel, um, wie es in einem alten Text heißt, die »unkeusche Begier« ihres Mannes zu erregen, andere probierten es mit komplizierteren Maßnahmen und vor allem mit Liebestränklein.

Um das Jahr 1000 wurde von einem Bischof Folgendes berichtet: Frauen, die von ihren Ehemännern vernachlässigt wurden, pflegten erst ihren Körper mit Honig einzureiben und sich anschließend in Weizenkörnern zu wälzen. Dann sammelten sie die Körner, die an ihnen kleben geblieben waren, sorgfältig ab und brachten sie in die nächstgelegene Mühle. Dem Müller gaben sie den Auftrag, diese Körner rückwärts, also gegen den Uhrzeigersinn, möglichst fein zu

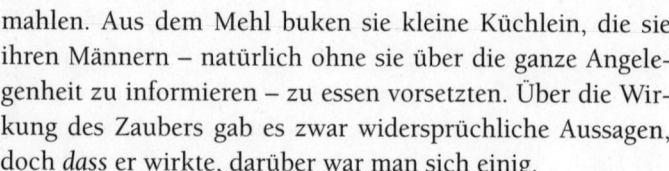

mahlen. Aus dem Mehl buken sie kleine Küchlein, die sie ihren Männern – natürlich ohne sie über die ganze Angelegenheit zu informieren – zu essen vorsetzten. Über die Wirkung des Zaubers gab es zwar widersprüchliche Aussagen, doch *dass* er wirkte, darüber war man sich einig.

Es dürfte inzwischen klar geworden sein, dass Liebeszauber eben doch nicht ausschließlich für die Jugend von Interesse sind. Ob es nun die vernachlässigte Ehefrau ist, ein Witwer, der sich wieder eine Partnerin wünscht, oder das Mauerblümchen, das bei Tanzveranstaltungen endlich einmal Aufmerksamkeit erregen möchte – für sie alle gibt es den geeigneten Liebeszauber. Selbst der gehörnte Ehemann, der die Neigung seiner Frau um jeden Preis zurückgewinnen will, hat die Wahl unter den im Folgenden angeführten Rezepten. Sie sollen, so heißt es wenigstens, dafür sorgen, dass die Liebe seiner Gattin zu dem Nebenbuhler plötzlich ein Ende nimmt, ja, dass er ihr regelrecht zuwider wird. Wobei der Gatte natürlich wieder den Platz in ihrem Herzen gewinnt, den er zuvor besaß!

Ein einfaches, direkt auf den genannten Fall bezogenes Rezept bestand darin, vor und hinter dem Haus des Nebenbuhlers ein Ei zu vergraben und dazu zu sprechen: »Ich grabe nicht die Eier ein, ich begrab vielmehr sein Glück; sein Glück soll versteinern.« Die Folge dieses erprobten Rituals war die oben beschriebene.

Wie das Beispiel des Mauerblümchens deutlich macht, zählen zu den Liebeszaubern auch solche, die nicht auf eine bestimmte Person ausgerichtet sind, sondern allgemein dazu dienen, dass man den Angehörigen des anderen Geschlechts möglichst attraktiv erscheint – ja, dass man eben von allen geliebt wird. Und wer wollte das nicht?

Warte einen guten Tag ab und fertige dir inzwischen ein Amulettbeutelchen an (lies darüber im dritten Kapitel nach). Schreib, wenn du abends allein in deinem Zimmer bist, das Folgende mit roter Tinte auf ein Stück Papier: 7:X.c.X.oX.v.X.BX.st.X.1X acht X30.Xd:2:S:3xyX. amen. Falte das Papier kreuzweise und verstau es in deinem Amulettbeutel. Trage es immer bei dir, dann wird jeder, der dir begegnet, dich unfehlbar lieb haben.

Die nächste mögliche Frage wäre vielleicht, welche Ledige nicht ganz gern wissen möchte, ob sie etwa im nächsten Jahr heiraten wird oder wie lange es noch dauert, bis sie endlich als glückliche Braut vor dem Altar steht? Und wird es dann der Michael oder der Christoph oder vielleicht doch der Robin sein? Und will ein Mädchen oder eine Frau, die noch keine Kandidaten zur Auswahl hat, nicht wenigstens erfahren, mit welchem Buchstaben der Name des Zukünftigen beginnen und ob er alt oder jung sein wird? Welche verheiratete Frau, die sich nach Kindern sehnt, würde nicht ganz gern einen Blick in die Zukunft werfen? Für sie alle gibt es jede Menge Liebesorakel, mit deren Hilfe sie eine Antwort auf ihre brennende Frage erhalten.

Wann und wo und wie aber ein solches Orakel befragt oder ein Liebeszauber am besten durchgeführt werden sollte, wollen wir im nächsten Kapitel verraten.

Warte einen guten Zaubertag ab und schreib dann genau zur Mittagsstunde mit einem roten Stift (du kannst auch Lippenstift nehmen) den Namen des Mannes oder der Frau, den oder die du bezaubern möchtest, und deinen eigenen Namen auf ein Stück

Stoff. (Leinen oder Baumwolle, keine Kunstfasern!)
In welcher Weise du die beiden Namen miteinander
verbindest, bleibt deiner Fantasie überlassen! Falte
den Stoff anschließend zusammen, umwickle ihn
mit einem roten Bändchen, das du dreimal gut ver-
knotest, und geh dann schweigend (und am besten
nüchtern) zu einem Baum, den du dir zuvor ausgesucht hast.

Jeder Baum ist dafür recht, nur keine Weide und
keine Pappel. Es ist gut, wenn seine Rinde rissig ist,
denn du musst den Stoff zwischen Stamm und Borke
stecken, und zwar unbedingt so, dass er nicht he-
rausfallen kann. Bevor du das tust, umrunde den
Baum siebenmal gegen den Uhrzeigersinn und denk
dabei intensiv an das, was du dir wünschst. Während du das Stoffstück einklemmst, murmel dreimal
leise: »So wie der Stoff mit diesem Baum verwächst,
werde auch ich mit XY verwachsen!«

Dreh dich nicht um, wenn du nach Hause gehst.

Zweites Kapitel

Wo, wie und wann

Was geschieht eigentlich, wenn man zaubert – oder anders gefragt: Was ist Zaubern? Wir können es uns der Einfachheit halber so vorstellen, dass dabei eine besondere »Ladung« von Energie freigesetzt und auf das Objekt, also das Ziel des Zaubers, übertragen wird. Diese Energie entsteht zum einen durch besondere Konzentration auf das bestimmte Objekt – im Falle des Liebeszaubers natürlich auf den oder die Angebetete. Zum anderen wird sie aber nach uralter und auf der ganzen Welt verbreiteter Ansicht durch bestimmte »Hilfsmaßnahmen« gefördert, befördert, intensiviert und konzentriert.

Vielleicht könnte man den Zauber mit einer Pflanze vergleichen, die erst dann ihre Blüten entfaltet, wenn alle nötigen Voraussetzungen dafür erfüllt sind: wenn sie genügend Sonnenlicht erhält, ausreichend mit Regen versorgt wird und in dem ihr gemäßen Boden wurzelt. Auch der Zauber entfaltet seine Blüten, seine Wirkung, erst dann, wenn ihm

23

die optimalen Bedingungen gewährt werden – so wussten es wenigstens unsere Ahnen, und so wissen es heute noch die Zauberer, Schamanen und Medizinfrauen und -männer in vielen Teilen unserer Erde. Und so seltsam ähnlich, wie sich die Liebeszauber weltweit sind, sind auch die Voraussetzungen, die der ernsthaft Interessierte besser erfüllen sollte, wenn ihm wirklich etwas an der Realisierung seines Zaubers liegt.

Um diesem Punkt noch ein wenig mehr Nachdruck zu verleihen, seien zum Vergleich noch einmal die Pflanzen herangezogen: Wer Bohnen ziehen möchte, hält sich selbstverständlich an die erprobten Anweisungen, die auf dem Päckchen stehen, und käme sicher nicht auf die Idee, dem Rat eines Unbedarften zu folgen und seine Bohnen etwa im November zu stecken – oder wann immer es ihm gerade genehm ist.

Zur rechten Zeit ...

Ein ganz wesentlicher Aspekt jeglicher Zauberei ist der Zeitpunkt, zu dem sie ausgeführt wird. Unter »Zeitpunkt« ist dabei erstens der Tag und zweitens die Tageszeit zu verstehen. Wer über solche Spitzfindigkeiten lächelt, der mag sich vergegenwärtigen, wie oft wir bei bestimmten Handlungen instinktiv den »richtigen« Zeitpunkt abpassen. Wohl niemand, der seine fünf Sinne beisammen hat, würde etwa eine Liebeserklärung ausgerechnet dann anbringen, wenn seine Auserwählte gerade eine schmerzhafte Zahnwurzelbehandlung hinter sich hat oder mit einer Nierenkolik das Bett hütet. Auch empfiehlt es sich beispielsweise nicht, den Chef um eine Gehaltserhöhung zu bitten, wenn seine Gattin just zornbebend und türenschlagend aus seinem Büro gerauscht ist.

Nein, bei der Liebsten wartet man natürlich, bis Zahn oder Nieren sich beruhigt haben, organisiert dann ein stilvolles Essen mit Kerzenlicht, nimmt ihre Hand und … nun ja. Die Stimmung ist es, auf die es bei ihr ebenso wie beim Chef ankommt – Momente, die, wie Marcel Proust es ausdrücken würde, magischen Sand mit sich führen. Um aber zu unserem eigentlichen Thema zurückzukommen, so gibt es bestimmte Tage im Jahr, die besonders viel magischen Sand zu enthalten scheinen: Tage, an denen die Geister außergewöhnlich aktiv sein sollen und die daher mit deren Gegenwart und Macht »aufgeladen« sind – wie früher selbstverständlich jeder wusste.

Ob in Island, Irland, Schottland oder Italien, Frankreich, Deutschland oder Ungarn, übereinstimmend kennt und schätzt man seit wer weiß wie lange die »Wendepunkte« des Jahres, also insbesondere die Sommer- und die Wintersonnenwende, als solche Zaubertage. Diese, ebenso wie einige weitere Tage wurden in späterer Zeit christianisiert, was allerdings ihrer Wirkung keinen Abbruch tat. In diesem Zusammenhang wären vor allem Karfreitag, Pfingsten, Silvester und Dreikönige zu nennen. Speziell für Liebeszauber spielen außerdem der frühere Thomastag (21. Dezember), der Matthiastag (24. Februar), allen voran aber der Andreastag (30. November) eine wesentliche Rolle.

 *Pflücke am ersten Pfingsttag frühmorgens an einer guten Stelle kniend dreimal mit der rechten Hand unter dem rechten Knie so viel Gras, dass du daraus einen Kranz winden kannst – eine Arbeit, die du immer noch kniend erledigen solltest. Nimm den Kranz anschließend mit in die Kirche und besprenge ihn dreimal mit Weihwasser. Nach dem Gottes-*

dienst steck den Kranz auf die rechte Hand, schwin-
ge ihn in alle Himmelsrichtungen und sprich leise:
*»Du mir von Gott bestimmter Mann (Frau), XY!
Magst du weilen, wo immer, komm schnell, um
diesen Kranz zu holen, denn der Kranz wird ver-
welken, mein Angesicht verblühen!«*
Zu Haus hängst du den Kranz dann um ein Heili-
genbild (falls du keines hast, besorgst du dir eben
zuvor eines) und abends legst du ihn dann unter das
Kopfkissen, wobei du die Beschwörung vor dem
Schlafengehen noch einmal wiederholst.

Zwischen Weihnachten und Dreikönige

Silvester ist zwar für uns konkret der letzte Tag des Jahres, doch werden die zwei Wochen zwischen Weihnachten und dem 6. Januar – die so genannten Zwölften – seit alter Zeit als »Niemandsland« betrachtet. Es sind die Wochen »zwischen den Jahren«, wie wir auch heute noch sagen, sie sind also weder Teil des alten noch des neuen Jahres. Sie gehören vielmehr den Geistern, die in dieser Zeit umher-schweifen und die Gegend unsicher machen sollen, aber auch dem sich angemessen, also im weitesten Sinn ehrerbie-tig Verhaltenden einen Blick in die Zukunft ermöglichen können.

Daher eignet sich im Prinzip jeder dieser vierzehn Tage für das Ausführen von Zaubereien und insbesondere für Orakel, die das folgende Jahr betreffen. Am beliebtesten aber waren früher Silvester als das »amtliche« und Dreikönige als das, wenn man so möchte, »inoffizielle« Ende des alten Jahres.

Unser Brauch des Bleigießens ist ein schwacher Überrest der zahlreichen Orakel, die an diesen Tagen – oder besser in den Nächten dieser Tage – ausgeführt wurden. In Ostpreußen, aber auch in vielen anderen Gegenden Europas, malte das neugierige Mädchen nachts um zwölf an die Eingangstür mit Kreide die vierundzwanzig Buchstaben des Alphabetes. Dann ließ sie sich die Augen verbinden und ein paarmal im Kreis herumdrehen. Anschließend wurde sie vor die Tür gestellt und sollte nun nach einem Buchstaben langen. Mit dem Buchstaben, den sie berührte, begann, wie jeder wusste, der Name ihres Zukünftigen. Das Orakel konnte sie natürlich auch für sich allein in ihrem Kämmerlein ausführen.

In Berlin nahm das ledige Mädchen an Silvester nachts um zwölf schweigend in jede Hand eine brennende Kerze und stellte sich damit in dem ansonsten völlig leeren und dunklen Zimmer vor einen Spiegel. Dann sprach sie laut und deutlich dreimal ihren eigenen Namen. Daraufhin erschien im Spiegel (so wird wenigstens behauptet) das Bild des Mannes, der ihr bestimmt war.

Dass in beiden genannten Beispielen als Uhrzeit zwölf Uhr nachts angegeben wird, hat seinen guten Grund. Wie wir aus etlichen Gruselmärchen und Spukgeschichten wissen, kommen um diese Stunde alle Arten von Geistern aus ihren Behausungen und haben dann – vorausgesetzt natürlich, sie sind guter Laune – auch für die Belange von uns Menschen ein offenes Ohr. Und ebenso wie die Zwölften in Bezug auf das Jahr, gehört die Stunde zwischen Mitternacht und ein Uhr, wenn man so möchte, weder zum vorausgehenden noch zum folgenden Tag. Sie fällt damit aus dem »menschlichen« Bereich heraus und ist wie die Wildnis Tummelplatz für vielerlei andere, uns im allgemeinen nicht sichtbare Wesen.

Damit die Geister aber geneigt sind, sich mit uns zu befassen, sollte neben der Uhrzeit noch ein weiteres Gebot beachtet werden, das im zweiten Rezept auch ausdrücklich betont wird: Lärmen vertragen Geister überhaupt nicht. Sie sind geradezu allergisch dagegen und ergreifen sofort die Flucht, wenn es rumpelt, klappert oder kracht. Gleiches gilt für Lachen, Kichern und Schwätzen. Also trifft für alle Zaubereien und auch für Orakel zu, dass Schweigen in jedem Fall Gold ist! Es empfiehlt sich also nicht unbedingt, erst ein paar Kanonenschläge abzubrennen und direkt im Anschluss einen Liebeszauber durchzuführen.

Wem an Silvester darum zu viel Trubel herrscht, der sollte sich vielleicht eher einen der anderen Tage bzw. Nächte der Zwölften für einen solchen doch sehr privaten Zweck aussuchen. Das ebenfalls hierfür empfohlene Weihnachten sowie vor allem der ehemalige Thomastag (21. Dezember) eignen sich ganz besonders. Letzterer fällt mit der Wintersonnenwende zusammen und ist daher, wie schon die Erbauer des über fünftausend Jahre alten Ganggrabs von Newgrange (Irland) wussten, ein überaus magischer Zeitpunkt.

Diese Grabanlage ist nämlich so ausgerichtet, dass gerade und ausschließlich in den Tagen um den 21. Dezember die Strahlen der aufgehenden Sonne durch eine kleine Öffnung über dem Eingang in das Innere der ansonsten stockfinsteren Konstruktion aus riesigen Steinplatten fallen! Wenn die alten (die uralten!) Iren extra wegen der Wintersonnenwende so gewaltige Mühen auf sich nahmen, kann an den magischen Qualitäten dieses Tages eigentlich nicht mehr gezweifelt werden.

Nach altem, bis noch vor sehr kurzer Zeit weit verbreitetem Volksglauben ist es vor allem die Nacht auf diesen Tag, die es in sich hat. Sie wurde dementsprechend für alle mögli

chen Zaubereien genutzt, und zwar vor allem solche, die das folgende Jahr betreffen. Meistens handelte es sich dabei um passive oder aktive Orakel bezüglich konkreter Fragen, wie etwa, ob man denn nun bald heiraten würde, welche Nummern man im Lotto setzen sollte und was für Wetter denn nächstens zu erwarten sei.

Doch versuchten sich in dieser Nacht vor allem Mädchen und Frauen auch in konkreten Liebeszaubern, wie etwa dem folgenden, der ohne große Schwierigkeiten durchzuführen ist:

> *Beschaff dir rechtzeitig vor dem Thomastag auf irgendeine geschickte Weise, vielleicht mit Hilfe von Freunden, einen oder zwei Socken von der Person, die du bezaubern möchtest. Pass aber auf, und das ist sehr wichtig, dass sie nichts davon mitbekommt!*
>
> *In der Nacht auf den 21. Dezember, kurz nach Mitternacht, stellst du dann einen Topf voll Wasser auf den Herd, wobei das Wasser möglichst von einer richtigen Quelle stammen sollte, von der du es schweigend geholt hast. Erhitz nun das Wasser, wirf, sobald es kocht, die Socken hinein und denk dabei ausschließlich an die geliebte Person und an den Zweck dieser Zauberei. Lass das Ganze eine Weile blubbern und vergrab es dann – am besten im Garten oder sonst an einer anderen guten Stelle. Der Rest ist eine Frage der Zeit und nicht mehr dein Problem.*

Warum, mag nun manch eine(r) fragen, warum muss es denn ausgerechnet ein Socken sein! (Und: Das ist ja eklig!) Zu diesem Thema werden wir weiter unten noch einige Wor-

29

te sagen. Hier sei immerhin so viel angemerkt, dass die Füße, wie allgemein bekannt, heute wie damals als sehr erotischer Körperteil angesehen werden und dass sie – und daher auch ihre Bekleidung, also Schuhe und Strümpfe – außerdem als »magische Leiter« eine hervorragende Rolle spielen. Sie sind gewissermaßen von der Aura, der Präsenz oder dem Wesen des »Fußbesitzers« durchtränkt.

Dreikönige schließlich, der letzte Tag der Zwölften, ist wie Silvester ein End- und Anfangspunkt und daher gleichfalls als Zaubertag unbedingt zu empfehlen. Die Italiener wissen noch heute, dass dann die *Befana* umgeht, eine Fee, die zwar alt und hässlich, dafür aber unendlich gütig ist und jedem Geschenke bringt. Während also in den eigentlichen Zwölften auf keinen Fall geheiratet werden sollte, liegt auf Ehen, die am Vorabend von Dreikönige geschlossen werden, viel Segen. Die dunkle Zeit, in der die Geister umgehen, endet, und ein neues frisches strahlendes Jahr bricht an.

Johannistag

Es ist wohl allgemein bekannt, dass an Johanni (24. Juni), dem früheren Fest der Sommersonnenwende, große Feuer entzündet werden. Verliebte nehmen sich bei der Hand und springen gemeinsam hinüber. Gelingt dieses nicht immer ungefährliche Unternehmen, ohne dass der Kleidersaum in Flammen aufgeht, einer von beiden stolpert oder sonstwie Schiffbruch erleidet, kann das Paar davon ausgehen, dass eine Heirat ins Haus steht. Früher warfen die Feiernden auch Kränze ins Feuer oder banden einen Kranz an einen Pfahl in der Mitte des Feuers. Wer etwas davon erhaschen konnte, wusste, dass er noch im selben Jahr heiraten würde. Und war ein Mädchen so glücklich, eine Blume aus dem Kranz zu er-

gattern, legte sie sie des Nachts unter ihr Kopfkissen und sah dann im Traum ihren künftigen Geliebten.

Aus diesen Beispielen wird klar, dass es am Johannistag diesbezüglich hoch herging – und dass jede Art von Liebeszauber vorzugsweise an diesem Tag ausgeführt werden sollte.

Geh in der Johannisnacht auf eine Wiese, an einen Wegrand oder in den Garten und pflücke schweigend so viele Blumen, dass es für einen Kranz reicht. Wichtig ist aber, dass es sieben oder neun verschiedene Blumen sind, und pass auf, dass du wenigstens Johanniskraut dabei hast. (Falls also nicht zufällig Vollmond ist, nimm besser eine Taschenlampe mit!) Am besten, du findest auch einige weitere besonders geeignete Pflanzen, wie etwa Majoran, Beifuß oder Rainfarn. Nun winde, so gut du es kannst, einen Kranz daraus, setz ihn dir auf den Kopf und geh oder fahr schweigend nach Hause. Dort legst du den Kranz unter dein Kopfkissen. Im Traum wirst du denjenigen sehen, der dir bestimmt ist.

Eine weitere Form des Orakels, die an Johanni durchgeführt werden kann, ist, ein paar Weizensamen in einer Schale auszusäen. Halten zwei von den wachsenden Pflänzchen zusammen, kann man dies natürlich als gutes Omen für eine baldige Hochzeit mit dem erwünschten Liebsten sehen. Auch wenn sich die Hälmchen in irgendeiner Weise *ringeln*, denke man getrost an den winkenden Ehe*ring*.

Andreastag

Andreasabend ist heute,
Schlafen alle Leute,
Schlafen alle Menschenkind,
Die zwischen Himmel und Erde sind,
Bis auf den einzigen Mann,
Der mir zur Ehe werden kann.

Während sich also im Prinzip alle genannten Zeitpunkte gut für Zauber jeder Art eignen, ist der Andreastag (30. November) unbedingt der Rolls Royce unter den Liebeszaubertagen. Wie ausgerechnet der heilige Andreas, einer der zwölf Apostel und Bruder des Petrus, zu dieser Ehre kommt, ist gar nicht so ganz klar, denn er ist eigentlich der Schutzherr der Bergleute und – ausgerechnet! – der Metzger. Allerdings war er von Hause aus Fischer und ist daher vor allem dieser Zunft zugetan, und vielleicht könnte man daher als Eselsbrücke oder zur Rechtfertigung sagen: Er angelt Herzen. Sei dem aber wie es sei, jedenfalls ist er seit alten Zeiten auch der Schutzpatron der Ehelustigen und versteht seine Sache, wie man hört, offenbar ausgezeichnet.

 *Wenn du möglichst bald einen Mann haben und zudem gern wissen möchtest, wie er wohl aussieht oder heißt, dann geh am späten Abend vor dem Andreastag in dein Schlafzimmer, verschließ die Tür gut und zieh dich aus. Um Punkt zwölf Uhr gehst du rückwärts ins Bett und trittst mit dem Fuß entweder an das Holz am Fußende, oder falls es an deinem Bett keine Lade gibt, auf den Rahmen und sagst dazu:*

»Heiliger Andreas, ich bitt,
Wenn ich in mein Bettlein tritt,
Du wolltest mir erscheinen,
Bescher mir doch einen,
Den Herzallerliebsten mein,
Der wird mein!«

Hast du schon einen bestimmten Mann im Sinn, den
du an dich binden möchtest, ersetze den »Herzaller-
liebsten« durch seinen Namen!

Vielleicht ist es an dieser Stelle angebracht, ausdrücklich darauf hinzuweisen, dass im Prinzip sämtliche Rezepte ebenso
für Männer wie für Frauen geeignet sind. Da wir aber nicht
jedesmal die weibliche *und* die männliche Form in unseren
Rezepten verwenden können, ohne unlesbar zu werden, bitten wir hiermit Feministinnen wie Männer ausdrücklich um
Vergebung. Ach ja, und selbstredend können auch Frauen
Frauen und Männer Männer damit zauberisch bezirzen!

Was nun allerdings den heiligen Andreas angeht, so
scheinen sich wirklich ausschließlich Mädels und Frauen
an ihn gewandt zu haben. Einer der typischen Andreastags-
Sprüche beginnt gar mit den Worten:

Heil'ger Andreas, ich bet dich an,
Du brauchst eine Frau und ich einen Mann!

Ob der Heilige über diesen zarten Hinweis sehr glücklich ist,
wissen wir nicht. Wenn er aber deswegen nicht beleidigt war,
wird er vielleicht die Bitte eines Mannes um eine Frau ebenso stoisch aufnehmen und großzügig erfüllen.

Wie man sieht, gibt es doch eine ganze Reihe von Tagen
im Jahr, die sich für Zaubereien in puncto Liebe anbieten.

Wen es nun aber gerade dann mächtig erwischt hat, wenn Johanni eben vorbei und der Andreastag noch lange nicht in Sicht ist, der kann sich zur Not auch mit einem hundsgewöhnlichen Tag begnügen – sollte dann aber wenigstens einen Freitag wählen. Sehr gut ist auch eine Vollmond- oder noch besser eine Neumondnacht.

Schau in den Kalender und merk dir, wann der nächste Neumond ist. In einer der darauffolgenden Nächte gehst du ins Freie und schaust hinauf in den Himmel. Siehst du die neue Mondsichel, so sprichst du feierlich: »O du heller Mond am Himmel! Du übersiehst die ganze Erde und siehst auch den Mann, der mir bestimmt ist. Lass es geschehen, dass auch ich ihn im Traum sehe: mag er sich wo immer in der Welt aufhalten, so steht er doch auf der Erde, die du überschaust. Nun nehme ich von dieser selben Erde und leg sie mir unter den Kopf.«

Mit diesen Worten bückst du dich und nimmst ein wenig Erde vom Boden unter deinem rechten Fuß auf. Du legst sie dir unter das Kopfkissen, schlägst dreimal darüber ein Kreuz und redest bis zum nächsten Morgen mit niemandem ein Wort.

Wichtig ist weiterhin die Uhrzeit, zu der eine Zauberei oder ein Orakel durchgeführt wird. Am besten eignet sich, wie beschrieben, die Stunde vor und nach Mitternacht – und an Johanni ausnahmsweise auch die Mittagsstunde. Ist beides nicht möglich, sollte auf alle Fälle der späte Abend gewählt werden.

... am rechten Ort

Der »rechte Ort« ist im wesentlichen Gefühlssache. Wenige würden sich vermutlich zu einem Liebeszauber ausgerechnet das Großraumbüro oder das Schwimmbad aussuchen. Ein wirklich privater Platz im Haus oder in der Wohnung ist gut; falls es solch einen Ort nicht gibt, dann eignet sich bestens eine Quelle, ein abgelegener Kreuzweg, ein alter Baum, unter den man sich setzt, oder das Ufer eines klaren Baches. Der Teich im Stadtpark, wo Hunderte von Leuten vorbeipromenieren und -radeln, rufen, singen und schreien, ist dagegen weniger geeignet!

Denn – und damit sind wir schon beim Wie angelangt – Stille ist ein wesentlicher Faktor. Wenn just während wir eine Beschwörung oder einen anderen Zauber ausführen, unser Handy ein Liedchen zu trällern beginnt oder die Mutter uns zum Essen ruft, ein kleines Geschwisterchen gegen die Tür poltert oder die Milch überkocht, ist das dem Zweck gewiss nicht dienlich. Also: fort von den Menschen und anderen möglichen Ärgernisquellen, irgendwohin, wo wir ungestört sind und es aller Wahrscheinlichkeit nach auch bleiben.

Damit ist auch schon angedeutet, dass wir einen Zauber nach Möglichkeit allein ausführen sollten, also auch ohne die beste Freundin! Wissen darf sie natürlich davon, nur dabei sein sollte sie nicht. Denn wie wir schon oben erklärten, ist auch das eigene Schweigen neben der äußeren Stille eine wichtige Bedingung. Schweigend gehen wir zu dem Ort, den wir uns ausgesucht haben, schweigend führen wir den Zauber durch – abgesehen natürlich vom Zeitpunkt, an dem wir unsere Beschwörung murmeln –, und schweigend gehen wir wieder nach Hause (oder verlassen den Raum).

Immer wieder heißt es außerdem, man dürfe sich nicht

umsehen. Falls man sich also eine Quelle oder einen Baum als Zauberplatz ausgesucht hat: Nicht umdrehen, wenn man den Ort wieder verlässt! Eine weitere häufig zu hörende Anweisung lautet, dass man für die Durchführung eines Liebeszaubers am besten nackt sein muss. Im eigenen Kämmerlein geht das ja problemlos; draußen im Freien sollte man das allerdings vielleicht doch besser unterlassen. Es ist schließlich nicht der Sinn der Sache, wegen Erregung öffentlichen Ärgernisses verhaftet zu werden.

Dafür lässt sich aber eine weitere Bedingung in jedem Fall problemlos erfüllen, nämlich die Reinheit. Konkret heißt das: vor dem Liebeszauber unter die Dusche, in den See oder in die Badewanne!

Und wenn wir schon dabei sind, gleich noch eine Regel: je nüchterner, desto besser. Wer also zuvor das Abendessen ausfallen lässt, kann gleich einige Pluspunkte bei den Himmlischen geltend machen. Und wer gar den ganzen Tag lang fastet, hat bei ihnen schon einen dicken Stein im Brett.

Ach ja, eine kleine Gabe wissen sie übrigens ebenso wie wir Irdischen durchaus zu schätzen: Wer also zu einer Quelle oder einem alten Baum geht, auf den Dachboden oder auf einen Kreuzweg, der sollte ein kleines Opfer nicht vergessen. Das kann in einem Stück Weißbrot, einem Ei, Milch, einer Münze oder ausgestreutem Mehl bestehen. Sind es Lebensmittel, sollten sie in jedem Fall weiß sein.

Schließlich ist noch zu beachten, dass bestimmte Handlungen dreimal, siebenmal oder neunmal durchgeführt werden müssen: Die geraden Zahlen (offenbar mit Ausnahme der Uhrzeit 12) mögen Geister dem Vernehmen nach nicht besonders, die Sieben und die Neun dagegen ganz besonders.

Wesentlich ist zu guter Letzt die richtige Einstimmung. Der beste Liebeszauber dürfte misslingen, wenn man direkt

von einer Party kommt oder eine anstrengende Sitzung hinter sich hat und daher abgespannt ist und nun vor dem Schlafengehen, frisch gewaschen zwar, aber mit schon zufallenden
Augen, eben noch rasch die Sache herunterhaspelt. Nein, bevor man ein solches Unterfangen angeht, sollte man sich ein
wenig Zeit nehmen, sich vielleicht, falls es Sommer ist, auf
den Balkon setzen und die Sterne betrachten, im Winter eine
Kerze anzünden oder meditieren – und vor allem die Gedanken von allem Unwesentlichen lösen und, falls man eine
bestimmte Person im Auge hat, auf den zu Bezaubernden
richten. Sich ihn oder sie, seine Stimme, seine Gesten, sein
ganzes Wesen so genau und deutlich wie nur möglich vorzustellen versuchen.

Nicht schaden kann es, sich dabei auch eine erwünschte
gemeinsame Situation auszumalen, also beispielsweise, wie
man selbst glücklich in seinem oder ihrem Arm oder Bett
liegt oder – nun, was das angeht, sind der Fantasie keine
Grenzen gesetzt …

Alles in allem scheinen uns die Voraussetzungen für die
erfolgreiche Ausübung eines Liebeszaubers keineswegs zu
schwierig zu erfüllen zu sein. Nehmen wir aber dennoch einen
Extremfall an: Jemand, der einen solchen Zauber durchführen will, wohnt in einem Hochhaus im Zentrum von Frank-
furt, teilt eine enge Wohnung mit wem auch immer und besitzt kein Auto, um nachts rauszufahren, oder würde sich
auch gar nicht trauen … Tja, der ist aufgeschmissen!

Unsinn, natürlich gibt es auch hier eine Lösung: Er (bzw.
sie) könnte entweder dafür sorgen, dass der Mitbewohner an
einem bestimmten Abend ins Spätkino geht. Er könnte zu
einer Freundin ausweichen und diese in den Plan einweihen.
Er könnte zwei Tage Urlaub auf dem Land in einer kleinen

Pension machen oder wenigstens sein Zimmer abschließen und dafür sorgen, dass er absolut nicht gestört wird. Kurzum: Wenn man *wirklich* will, gibt es irgendwie in jedem Fall und für jeden Fall eine Lösung!

Geh am Ostermorgen oder am Johannistag vor Sonnenaufgang zu einem fließenden Gewässer. Sei dabei nüchtern und sprich auf dem Weg kein einziges Wort! Vergiss nicht, dir von zu Hause einen Löffel mitzunehmen. Nun schöpfst du gegen die Fließrichtung der Quelle oder des Baches drei Löffel voll Wasser und trinkst es. Dazu sprichst du jedesmal: »untergehn, auferstehn, immer treu, ewig neu«, und denkst dabei ganz fest an denjenigen, den du damit an dich binden willst.

Lass dir anschließend etwas Wasser über Gesicht und Hände rinnen und kehr nach Hause zurück – schweigend und ohne dich umzuschauen.

Drittes Kapitel

Mit Baldrian auf Herzensfang — Liebesamulette

Von der Theorie

Bevor wir uns daranmachen, uns mit der Herstellung eines Liebesamuletts zu befassen, sollten wir vielleicht erst einmal klären, was genau eigentlich ein Amulett ist. Ziehen wir hierzu den allseits beliebten Duden zurate, erfahren wir, dass es sich dabei um einen kleinen Gegenstand handelt, dem unheilabwehrende und glückbringende Kräfte zugeschrieben werden und der oft als Anhänger getragen wird.

Über die vorsichtige Formulierung »zugeschrieben wird« wollen wir uns gar nicht weiter aufhalten, allerdings finden wir, dass diese knappe Erklärung doch eine wesentliche Frage offen lässt, jedenfalls für den, der gern selbst so ein Zauberding besäße. Denn woraus, bitteschön, besteht denn nun ein Amulett konkret?

Auch könnte der Ausdruck unheilabwehrend *und* glück-

bringend missverständlich sein, denn er legt nahe, dass es zwei verschiedene Sorten von Amuletten gab oder gibt. Dem, um es klipp und klar zu sagen, ist nicht so. Wie der Pessimist von einem halb leeren und der Optimist von einem halb vollen Glas spricht, bezeichnet sich der zufriedene Mensch als glücklich, wenn er nicht krank ist. Früher dürfte dies weit eher als heute der Fall gewesen sein. Ein Amulett, das Krankheiten von seinem Träger fernhielt, bewirkte, dass er arbeiten gehen und Geld verdienen konnte, also indirekt, dass er und seine Familie glücklich waren.

Also halten wir fest, dass ein Amulett – mittels magischer Kräfte – zunächst allgemein Böses von seinem Träger fernhält, vergleichbar vielleicht einer Rundumversicherung gegen jedwede nur denkbare Gefahr. Doch gibt es je nach Bedürfnis einzelne spezielle Policen etwa gegen Unfall, Blindheit, Blitzschlag oder »Hieb und Stich« (wie es in älteren Texten so schön heißt), die uns hier aber nicht weiter beschäftigen sollen.

Zwischen all diesen und den Amuletten, die der Umwelt Liebe oder Zuneigung einflößen, scheint allerdings insofern ein wesentlicher Unterschied zu bestehen, als die einen *abwehren*, die anderen aber *anziehen*, mithin genau das Gegenteil bewirken. Herbeilocken sollen sie andere Menschen, also vornehmlich solche des anderen Geschlechts. Sie müssen also in etwa genau die Wirkung entfalten, die Baldrian auf Katzen ausübt, und ohne Witz ist Baldrian tatsächlich eine der Pflanzen, die ein solches Liebesamulett enthalten kann. Versuchen wir uns nun aber zu verdeutlichen, was – unsichtbar für uns – geschieht, wenn wir ein Amulett tragen, löst sich dieser Gegensatz, so denken *wir* wenigstens, auf: Die Substanzen, die ein Amulett ausmachen, sind vornehmlich solche, die dazu dienen, böse Geister und deren Einflusse

von uns fernzuhalten. Seltsamer- und widersprüchlicherweise sind es aber, vor allem was die Pflanzen angeht, eben die, von denen es heißt, dass die Geister, Hexen und Feen sie *lieben*.

Um Unheil vom Haus und dessen Bewohnern fern zu halten, behängt man die Tür an Johanni tatsächlich gerade mit den Pflanzen, die die UnheilstifterInnen besonders mögen, wie etwa Johanniskraut, Weißdorn und Holunder.

Denken wir uns also, dass diese Dinge, die wir als Amulett tragen, den Zorn, Neid oder Unmut dieser Wesen besänftigen und sie uns wohlgesonnen machen. Nehmen wir weiterhin an, dass bestimmte Stoffe bestimmte Geistwesen besonders ansprechen, und schwupp! sind wir wieder bei den Liebesamuletten. Behaupten wir also, dass die Ingredienzen, die für diese Art von Amuletten empfohlen werden, nicht aktiv bewirken, dass wir andere Menschen anziehen, sondern dass sie alles aus dem Weg räumen, was unsere Umwelt zuvor daran hinderte, uns positiv wahrzunehmen und uns zu mögen. Aber wie dem auch immer sei, die Hauptsache ist schließlich, dass es funktioniert, oder? *Wie*, kann uns ja letztlich egal sein.

Geh auf den Dachboden (wenn du keinen hast, bei einer Freundin, deinen Eltern oder bei wem auch immer). Betrachte aufmerksam die Dachbalken oder schau in dunkle Ecken. Irgendwo siehst du sehr wahrscheinlich ein kleines rundes braunes Ding hängen, das wie ein Miniaturballon aus Papier aussieht. Pass ein wenig auf, ob es noch bewohnt ist – denn bei dem kleinen Ding handelt es sich um ein Wespennest. Sobald du dich davon überzeugt hast, dass es nicht mehr in Betrieb ist (wovon du zumin-

dest im Winter ausgehen kannst), nimm es ab –
aber bitte vorsichtig, denn es ist sehr zerbrechlich!

Nun näh dir aus roter Seide ein kleines Beutelchen, befestige es an einer roten Schnur und weih es
schweigend an einem der genannten günstigen Tage
am besten mit ein wenig Wasser an einer Quelle ein.
Du kannst es statt dessen aber auch mit Weihrauch
beräuchern.

Leg anschließend das Wespennest hinein. Tut
nichts, wenn es jetzt in Krümel zerfällt, Hauptsache,
es ist ganz und gar im Beutelchen verstaut. Denk dabei intensiv an den Zweck, den es erfüllen soll.

... zur Praxis

Wenden wir uns nun also dem interessanteren praktischen Teil zu, der zunächst einmal darin besteht, uns
einen passenden Behälter anzufertigen. Er sollte klein und
aus einem besonderen Material gefertigt sein, also etwa aus
einem feinen, möglichst roten Leder oder, wie in dem eben
vorgestellten Rezept, aus rotem Leinen oder roter Seide. Selber nähen empfiehlt sich übrigens auch für Männer! Und das
selbstverständlich an einem »guten« Tag oder wenigstens
bei Vollmond, Neumond oder an einem Freitag. Dabei bitte
nicht Radio hören, fernsehen oder Ähnliches tun, sondern
still und allein im Zimmer sitzen und sich ausschließlich auf
den Zweck der ganzen Aktion konzentrieren.

Ein Mädel, das etwa in der Disco oder auf einem Fest die
Herzen der anwesenden Jungs oder Männer höher schlagen
lassen möchte, sollte sich beim Nähen genau vorstellen, *wie*
ihre Wirkung sein wird, wie sich also alle nach ihr umdrehen, mit ihr tanzen möchten oder ihr etwas zu trinken holen.

Je genauer sie sich das ausmalt, desto besser. Solche Liebes-amulette sind übrigens eher auf die Allgemeinheit gerichtet als auf eine bestimmte Person. Soll aber ein bestimmter Mann bezirzt werden, kann es nicht schaden, sich diesen beim Nähen immer wieder zu vergegenwärtigen oder auch etwa seinen Namen wie ein Mantra vor sich hin zu murmeln oder überhaupt eine Beschwörung, wie wir sie in einem der nächsten Kapitel vorstellen werden, in die Prozedur einzu-bauen.

Bevor man mit dem Nähen beginnt, sollte man sich auch klar darüber sein, wo man das Amulett denn tragen möchte. Die Regel ist, es als Anhänger zu verwenden. Nicht jeder möchte nun aber für jeden frei sichtbar ein rotes Beutelchen um den Hals tragen und damit eine Reihe neugieriger Fragen provozieren, auf die man hüstelnd und verlegen eine plausib-le Antwort aus dem Stegreif erfinden muss. Für Schlabber-T-Shirt- oder PullovertragerInnen ist das natürlich kein Prob-lem.

Früher, als man nur wenig Kleider besaß und deswegen wochenlang dasselbe trug, nähte man sich das Amulett häu-fig in den Saum von Hemd oder Rock ein. Eine andere Mög-lichkeit wäre, es unter der Achsel zu tragen oder um den Bauch, den Arm oder den Schenkel gebunden. Wesentlich ist, dass man es bei sich hat, und besser als es in die Tasche zu stecken ist auf alle Fälle, es irgendwo auf der bloßen Haut mit sich zu führen.

Also je nachdem muss ein Bändchen eingeplant werden, mit dem das fertige Beutelchen festgebunden wird.

So weit, so gut. Zuvor aber muss die entscheidende Fra-ge beantwortet werden, was man denn in diesen kleinen Behälter schließlich hineintut. Am weitaus häufigsten un-ter den nicht-pflanzlichen Substanzen werden das in dem

Rezept oben erwähnte Wespennest oder auch Bestandteile eines Bienenstockes genannt. Die Bedeutung ist klar: So wie die Bienen und Wespen eine Blume umschwärmen, so sollen die Männer (oder Frauen – je nachdem) auch um einen selbst herumschwärmen.

Was die Bienen betrifft, so eignet sich ausgezeichnet ein Span vom Flugloch des Bienenstockes. Den allerdings zu beschaffen ist nicht unbedingt eine Kleinigkeit, es sei denn, man ist zufällig mit einem Imker befreundet. Aber selbst dann könnte er es vielleicht ein wenig befremdlich finden, wenn man ihn darum bittet, ein wenig am Flugloch eines seiner Kästen raspeln zu dürfen.

Doch gibt es eine Ausweichmöglichkeit, die ausdrücklich in alten Büchern erwähnt und sanktioniert ist: Es genügt, im Frühling zu einem bienenumsummten Baum zu gehen, am besten zu einer Weide oder einem Obstbaum, und sich einen Zweig auszusuchen, an dem besonders viele Bienen herumschwärmen und auf dessen Blüten sie sich niederlassen. Ein Stückchen von einem solchen Zweig erfüllt denselben Zweck.

Wenigstens für Landbewohner sind neben Wespennestern auch Bröckchen von Schwalbennestern vergleichsweise einfach zu erlangen; die haben es nämlich ebenfalls in sich. (Aber bitte erst im Herbst holen, wenn die Schwälbchen ausgezogen sind!)

Doch eignen sich nicht nur »tierische« Substanzen für ein Liebesamulett, sondern auch verschiedene Pflanzen wie beispielsweise – tja, ausgerechnet das Maggikraut. Natürlich benennen es nur Uneingeweihte, dem Fressen Verfallene, mit diesem höchst prosaischen Namen; die anderen kennen und lieben es als Liebstöckel.

Besorg dir an einem »guten« Tag in einer Gärtnerei einen Topf mit Liebstöckel. Falls du einen Garten hast, pflanz ihn an eine günstige Stelle, wenn nicht, setz ihn wenigstens in einen anderen Topf, und zwar an einem Vollmond- oder Neumondtag oder noch besser am Johannistag (24. Juni). Lass der Pflanze Zeit, sich an die neue Umgebung zu gewöhnen, was du daran erkennst, dass sie kräftig austreibt.

Jedesmal, wenn du sie gießt (und zwar am besten mit Quell- oder Regenwasser), denk an das, was du mit ihr als deinem Amulett erreichen möchtest. Sprich mit ihr, berühre sie.

Wirkt die Pflanze auf dich stark und gesund, kannst du sie, wiederum zu einem guten Zeitpunkt, entweder aus dem Topf heben oder an einer Seite graben und ein Stückchen von der Wurzel abschneiden. Entschuldige dich bei der Pflanze für das, was du tust, und bring alles so wieder in Ordnung, dass sie ungestört weiterwachsen kann.

Die Wurzel nimmst du schweigend mit ins Haus oder Zimmer, säuberst sie vorsichtig mit Quellwasser, trocknest sie mit einem sauberen Tuch ab und legst sie in das neu genähte Beutelchen. Auch jetzt gilt: unbedingte Konzentration auf den angestrebten Zweck!

Ja, also Liebstöckel hat, wie man sieht, seinen Namen nicht umsonst erhalten, und er ist eine Pflanze, die nun wirklich leicht zu bekommen ist!

Eine weitere Pflanze, die hier zu empfehlen wäre und die sich jeder ohne Schwierigkeiten beschaffen kann, ist der Rosmarin. Er ist überhaupt sehr vielfältig einsetzbar und wird

uns auch später noch begegnen. Für ihn gilt übrigens ebenso wie für den Liebstock und den Baldrian, der hier noch einmal zu seinem Recht kommen soll, dass sie alle drei stark, aber nicht unangenehm riechen. Von wegen, könnte jetzt jemand einwenden, Baldrian stinkt bekanntlich wie die Pest. Richtig, aber nur die aus seiner Wurzel gewonnene Tinktur, die bei Bauchweh hilft und beruhigt. Die Pflanze selbst ist fast geruchlos und kann also bedenkenlos als Amulett verwendet werden. Besser wäre es aber auch hier, wie beim Liebstock, ein Stückchen Wurzel auszugraben. Baldrian findet sich übrigens in fast jedem Wald am Wegesrand und ist praktisch nicht zu verwechseln (siehe auch die Beschreibung im Anhang).

Nun lassen sich aber nicht nur Wespennester und verschiedene Pflanzen dazu verwenden, sich andere Menschen geneigt zu machen, auch geschriebene Amulette wurden früher häufig verwendet und sind heute noch vor allem im Orient gang und gäbe. Ein afghanischer Händler in Pakistan zeigte Ditte im letzten Jahr sein vom Großvater ererbtes Liebesamulett – ein silbernes Täfelchen, auf dem ein von einem Pfeil durchbohrtes Herz und daneben eine hübsche Frau mit langen Haaren eingeritzt waren. Umgeben war das Ganze von Zaubersprüchen, bestimmten magischen Zeichen und Koransuren. Wie der Mann versicherte, hatte es ihm tatsächlich immer Glück bei den Frauen gebracht. (Vielleicht aber nur bei Orientalinnen? Ditte jedenfalls konnte seiner dringenden Einladung zum Essen mühelos widerstehen.)

Im Folgenden sind drei Möglichkeiten aufgeführt, wie du dir ein einfaches Liebesamulett selbst herstellen kannst. Das Ausschmücken (etwa mit durchbohrten Herzchen und Zeichnungen von gut aussehenden Männern/Mädels) bleibt

dir selbst überlassen. Das erste ist dazu gedacht, ganz allgemein Menschen für sich zu gewinnen. Es ist das Siegel der Venus:

Die beiden anderen sind magische Quadrate, das linke ist für Männer bestimmt, das rechte für Frauen.

S A R A H   E L E M
A K E R A   L A R E
R E M E R   E R A L
A R E K A   M E L E
H A R A S

Wir empfehlen erstens, ein besonderes Papier (oder auch Stoff) für diese Amulette zu verwenden. Ganz Geschickte können sich auch auf Metall (Kupfer oder Silber) versuchen. Zweitens sollte um diese Quadrate oder Zeichen ein Kreis gezogen werden. Wir würden übrigens einfach das Venussiegel auf die eine und eines der magischen Quadrate auf die andere

Seite des Papiers schreiben. (Es versteht sich von selbst, dass hierfür ein besonderer Tag und eine besondere Uhrzeit gewählt werden!) Auch sollte das Amulett geweiht werden: mit Weihrauch und/oder durch das Eintauchen in eine gute Quelle.

Wer auf Nummer sicher gehen möchte, kann sich einfach eine Kombination aus den genannten Pflanzen und nach Möglichkeit auch die eine oder andere der erwähnten »tierischen« Substanzen beschaffen und von allen ein bisschen (zusammen mit dem beschriebenen Zettel?) ins Amulettbeutelchen füllen. Aber, und das muss mit allem Nachdruck für jeden Liebeszauber gesagt werden: Wer mit einer Naja-es-kann-zwar-nicht-schaden-aber-eigentlich-glaub-ich-ja-eh-nicht-an-solchen-Humbug-und-Robin-wird-sowieso-nicht-mit-mir-tanzen-Haltung mit seinem Amulett behangen zur Disco aufbricht ... der beziehungsweise die hat *ziemlich* schlechte Karten.

Nein, das Bewusstsein sollte eher sein: Ich bin die Größte, Schönste und Beste, und niemand kann MIR widerstehen, und wenn mich der Michael, Dirk oder Robin nicht mag – trotzdem ich so toll bin und ein hochwirksames Amulett bei mir trage –, was soll's! Dann gibt's auch noch jede Menge anderer Typen, die auf mich fliegen werden!

Nun, das mag jetzt vielleicht ein bisschen extrem klingen, aber ihr versteht, worauf wir hinauswollen: Die Haltung sollte zwar nicht eingebildet oder gar arrogant sein, aber entschieden selbstbewusst. Sie sollte zum Ausdruck bringen, dass wir uns nie an jemanden klammern würden, sondern ein eigenständiger, unabhängiger Mensch sind, der seinen Wert kennt. Wer sich mit der festen Überzeugung »Ich bin ein hässliches Entlein und mich mag ohnehin niemand« in Gesellschaft begibt, dessen Ausstrahlung *ist* die eines hässs-

lichen Entleins, weiß der Teufel warum. Und das schreckt ab!

Wer das Liebesamulett dagegen mit dem Wissen bei sich trägt: »Das kleine Ding macht mich unwiderstehlich«, *mimt* nicht mehr nur die Selbstbewusste (was das andere ebensowohl wie das eigene Geschlecht unfehlbar wittert!), sondern *ist* tatsächlich selbstbewusst. Und das wiederum beeinflusst seine Aura in jedem Fall positiv.

Viertes Kapitel

Er liebt mich, er liebt mich nicht — Orakel für jeden Bedarf

Nicht ohne Grund gibt es weit mehr Liebes*orakel* als konkrete Liebes*zauber*. Auch wenn wir zwischen aktiven und eher passiven Orakeln unterscheiden werden, stehen sie insgesamt doch auf einer anderen Ebene als richtige Zauberei. Es erfordert schließlich mehr Engagement, den tatsächlichen Versuch zu unternehmen, mit ungewöhnlichen Mitteln jemandes Zuneigung zu *erkämpfen*, als einfach das Schicksal zu befragen und dessen Antwort hinzunehmen.

Im ersteren Fall übernimmt man aktiv die Verantwortung, während man sich bei Orakeln gewissermaßen im Hintergrund hält und nicht selbst die Ärmel hochkrempelt, um dem Schicksal ein wenig auf die Sprünge zu helfen. Der eine schließt Rennwetten ab, setzt sich auf die Tribüne und schaut zu – der andere trainiert sein Pferd, damit es gewinnt!

Auch wenn dieser Vergleich insofern hinkt, als natürlich nicht jeder, der Pferderennen liebt, seinen Favoriten selbst in

Form bringen kann, verdeutlicht er vielleicht doch, was wir in Bezug auf Orakel und Liebeszauber sagen wollen.

Es kostet weit größere Überwindung, die Dinge in die Hand zu nehmen, als sie geschehen zu lassen. Warum sonst lesen wir Horoskope anstatt den Tag unbeeinflusst von Vorhersagen nach unseren Vorstellungen zu gestalten?

Hinzu kommt als wesentlicher Faktor, dass es in gewissem Sinne einen größeren Bedarf an Orakeln gibt als an direkten Liebeszaubern. Fragen an das Schicksal sind unabhängig vom Lebensalter und einen kleinen Blick in die Zukunft möchte, wie wir ja auch schon im ersten Kapitel bemerkten, doch wohl jeder tun. Schließlich kann es ja nicht schaden, sich ganz unverbindlich zu informieren – denn wenn die Antwort negativ ausfällt, brauchen wir sie ja nicht zu glauben, oder?

Beschaff dir ein Blatt von einem besonderen Papier (beispielsweise Bütten) und beräuchere es – am besten mit echtem Weihrauch (den bekommst du in jeder Apotheke), den du auf einer Holzkohlentablette zum Glühen bringst. Am Vorabend eines dafür geeigneten Tages, möglichst dem Johannis- oder Andreastag, sonst aber wenigstens bei Voll- oder Neumond, zeichnest du auf dieses Papier einen sechs- oder achtzackigen Stern und schneidest ihn sorgfältig aus.

Auf fünf Ecken des sechszackigen oder sieben des achtzackigen Sternes schreibst du jeweils einen anderen Namen von möglichen Kandidaten oder Kandidatinnen für eine dauerhafte Bindung. Den letzten Zacken aber lässt du frei. Nun legst du dir diesen Stern unter dein Kopfkissen.

Wenn du am anderen Morgen erwachst, ziehst du mit geschlossenen Augen den Stern hervor und reißt, ohne hinzuschauen, einen Zacken ab. Mit der Person, deren Namen du gezogen hast, wirst du in engere Beziehung treten.

Hast du aber den leeren Zacken erwischt, steht für das nächste Jahr leider keine ernsthafte Liaison in Aussicht.

Passive Orakel

Das obige Rezept verlangt von uns durchaus einige Initiative: Das Papier muss besorgt und geweiht, der Stern gezeichnet und ausgeschnitten, die Namen daraufgeschrieben werden. Dieses Orakel ist also, was den Aufwand angeht, in der Tat einem richtigen Liebeszauber zu vergleichen. Die Grenze zwischen den beiden Kategorien kann also durchaus fließend sein; bei einer ganzen Anzahl von Orakeln ist die eigene Beteiligung allerdings so gering, dass von einer (Zauber-)*Handlung* im eigentlichen Sinne des Wortes wirklich nicht mehr gesprochen werden kann.

Das ist etwa dann der Fall, wenn wir uns insgeheim fragen: »Liebt er/sie mich oder liebt er/sie mich nicht?« und dann das nächste »Ja« oder »Nein«, das wir wo auch immer hören, als Antwort auf diese Frage deuten. Diese Form von Orakel war in früheren Zeiten äußerst beliebt und in den unterschiedlichsten Variationen bekannt.

Beispielsweise ging die (oder der) Verliebte am Andreas-, Weihnachts- oder Neujahrsabend leise die Straße entlang und stellte sich etwa die Frage: »Wird Klaus mich heiraten?«, und zwar immer wieder und natürlich leise, so lange, bis sie (oder er) Stimmen aus einem Haus hörte. War es möglich,

klopfte sie ganz leise an den Fensterladen und sagte: »Ich klopfe an, ob ich dieses Jahr bekomm den Mann«. »Ja« oder »Nein« war als Antwort natürlich am eindeutigsten. Sagte drinnen aber jemand etwa: »Ich denke gar nicht daran!«, wusste man ebenfalls Bescheid und ging traurig nach Hause. Jede Äußerung kann irgendwie sinnvoll ausgelegt werden: »Wir werden sehen« – »Warten wir noch etwas ab« – »In *drei Monaten* habe ich den Führerschein« – »Die Kleine ist gerade *drei Jahre alt* geworden« …

Bei dieser Form von Orakel sind der Fantasie praktisch keine Grenzen gesetzt und eigene Erfindungen absolut erlaubt – natürlich solange die im zweiten Kapitel genannten Vorbedingungen so gewissenhaft und gründlich wie möglich erfüllt werden. Wer in einer Großstadt wohnt, kann das obige »Rezept« durch das erste Gespräch in der U-Bahn oder im Supermarkt ersetzen, dessen Zeuge er wird. Menschen schwatzen bekanntlich gern, und *irgendein* Ort findet sich für jeden, an dem sich jemand gerade (und wäre es auch mit sich selbst) hörbar unterhält. Ebenso wie die Antworten können natürlich auch die Fragen variieren, die wir an das Schicksal stellen: Wird Boris am Samstag mit mir tanzen? Wird Klara mich morgen anrufen? Werde ich nächsten Monat schwanger? Geht Barbara am Samstag endlich mit mir ins Bett?

Nach einem ganz ähnlichen Prinzip funktioniert das folgende Orakel, das sich übrigens ebenfalls je nach Bedarf variieren lässt. Trägt die Zielperson also keinen Hut, kann man ruhig etwas anderes (Brille, Stirn, Nase …) dafür einsetzen:

 *Wenn du in eine bestimmte Person verliebt bist, dann richte es so ein, dass ihr wie oder wo auch immer aufeinander trefft (und zwar natürlich am besten an einem »guten« Tag oder wenigstens an*

einem Freitag). Er oder sie geht sicher früher oder später zur Toilette, die Treppe hinauf, auf den Hof (falls ihr in der Schule seid) oder vor die Tür. Vielleicht geht ihr überhaupt zu mehreren irgendwohin. Achte dann jedenfalls darauf, dass du hinter ihm (oder ihr) läufst, und sprich dreimal leise:

> *»Bist du mir von Gott geschaffen,*
> *So greif nach deinem Hut oder Kappe!*
> *(Oder was auch immer.)*
> *Bist du mir nicht von Gott beschert,*
> *So greif du zur Erd!«*

Und dann schau, was der/die Angebetete daraufhin tut!

Ebenso beliebt wie dieses Orakel war es, den Namen, den Beruf, das Alter oder die Vermögensverhältnisse seines Zukünftigen von derjenigen Person »abzulesen«, der man am Neujahrsmorgen oder einem anderen Zaubertag als Erstes auf der Straße begegnete.

Zu diesen passiven Orakeln möchten wir auch das in ganz Europa und darüber hinaus bekannte und immer noch beliebte Blättchenzupfen rechnen. Hierzu sollte man Zauberpflanzen nehmen, wie allen voran das Johanniskraut, dann natürlich Blumen mit Strahlenblüten wie Kamille und Margerite oder auch Gänseblümchen. Streng verboten ist in diesem Zusammenhang allerdings die Ringelblume, denn sonst, so wussten unsere Vorfahren, wird die Liebe getrennt. Bei richtigen Liebeszaubern wurde dagegen oft gerade diese hübsche und auffallende Gartenblume gewählt – aber darüber mehr in einem späteren Kapitel.

In manchen Gegenden, so auch in Frankreich, nahm man statt einer Blume auch das fiedrige Blatt einer falschen Akazie (Robinie). Die Sprüche, die dazu aufgesagt werden müssen, können je nach Region (und natürlich Frage) variieren, doch gibt es ein paar Standardformeln, die in ganz Deutschland bekannt sind.

Geht es um die Liebe, sagt das Mädel, während es jedesmal ein Blättchen abzupft: »Er liebt mich – von Herzen – mit Schmerzen – über alle Maßen – kann's nicht lassen – wenig – gar nicht.« Warum er mit Schmerzen lieben soll, ist nicht ganz einsichtig, aber so lautet der Spruch nun einmal.

(Im Land der Liebe, Frankreich, heißt es dagegen: »Er liebt mich – ein wenig – sehr – leidenschaftlich – wie verrückt – überhaupt nicht.«)

Wer das Alter des Künftigen wissen wollte, sagte früher: »Jüngling, Witwer, Greis«, was heutzutage durch entsprechende modernere Wörter ersetzt werden könnte. Für noch Unentschiedene gibt es weiterhin die Möglichkeit, »Daniela, Sabrina, Susanne« oder »Markus, Michael, Peter« (oder wen oder was auch immer) von seinem Blümchen abzuzupfen.

Ebenso wie hier (vorausgesetzt natürlich, alle Bedingungen sind erfüllt) im Prinzip jede Frage erlaubt ist, kann man auch den Kuckuck auf alles Erdenkliche antworten lassen. Bei diesem Orakel lässt sich aber ausnahmsweise nichts vorbereiten, denn schließlich kann man dem Vogel nicht befehlen, zu einem bestimmten Zeitpunkt zu schreien.

Warum ausgerechnet der Kuckuck in den Ruf geriet, in die Zukunft schauen zu können, weiß keiner so recht zu sagen. Ob es nun mit seinem absonderlichen Brutverhalten zusammenhängt oder überhaupt mit seinem ungewöhnlichen Wesen; ob es daran liegt, dass er »Worte« spricht oder der eigentliche Frühlingskünder ist – jedenfalls zeigen Redensar-

ten wie: »Hol dich der *Kuckuck!*« (für: der *Teufel*), dass er mit unheimlichen Mächten in Verbindung gebracht wurde und vielleicht deshalb das Schicksal verkünden kann.

Entsprechend viele Bräuche ranken sich um diesen Vogel. Am bekanntesten dürfte die Frage nach den Lebensjahren sein, die einem noch verbleiben – eine Frage, an deren Beantwortung die Menschen früherer Jahrhunderte, wie zahlreiche aktenkundige Geschichten beweisen, unerschütterlich glaubten.

Aber ebenso gut kann man sich beim Kuckuck danach erkundigen, wie viele Jahre, Monate oder Wochen man noch ledig bleiben wird.

Ein überlieferter Spruch hierfür lautet:

Kuckuck, Kuckuck,
Zähl mir deine Eier
Zähl mir's dreimal aus, und ei
Wie lang muss ich noch ledig sei?

Nur gut, dass die Qualität der Reime für den Erfolg der Operation offenbar nicht maßgeblich war! Auch der folgende Vers dürfte mit *ziemlicher* Wahrscheinlichkeit nicht von Goethe stammen:

Kuckucksknecht, sag mir recht
Wie lang's noch währen soll,
Dass ich ledig bleiben soll.

Kommt gar keine Antwort, kann man dies je nach Naturell positiv oder negativ auslegen.

Ein Witwer kann sich erkundigen, wann er wohl wieder heiraten, oder eine verheiratete Frau, wann sie schwanger werden oder wie viele Kinder sie haben wird. Ein weiteres beliebtes Orakel war das Erfragen des Buchstabens, mit dem

der Name des oder der Künftigen anfing. Ruft der Kuckuck also beispielsweise fünfundzwanzigmal, wäre man beim Ypsilon angelangt und bräuchte sich im Bekanntenkreis nur noch nach einer Yvonne oder einem Yukio umzusehen, die beziehungsweise der es dann natürlich sein wird. Beim weit häufigeren Buchstaben D wird die Sache schon ein wenig schwieriger! Da hilft dann vielleicht das nochmalige Nachfragen nach dem zweiten Buchstaben, wobei man hoffen kann, dass es nicht ausgerechnet ein Z ist!

Der Kuriosität halber sei hier abschließend noch ein früher gern geübtes Orakel erwähnt, das allerdings nur diejenigen unter unseren LeserInnen ausprobieren können, die auf dem Land leben – und feine Ohren haben. Am Weihnachtsabend, an Neujahr oder einem der anderen geeigneten Tage klemmte sich das wissbegierige Mädchen einen Besenstiel zwischen die Beine und ritt darauf zum Stall. Dann pochte es dreimal an und sagte dabei:

> *Gackert en Hahn*
> *so krieg ich en Mann*
> *gackert die Henn,*
> *so krieg ich noch ken.*

Krähte der Hahn (oder blökte der Hammel, oder muhte der Stier), bekam sie garantiert im nächsten Jahr einen Mann; vernahm sie dagegen irgendwelche weiblichen Tiere, blieb sie mindestens noch zwölf Monate ledig. Grunzte ein Schwein, lauschte sie aufmerksam, ob es ein junges oder ein altes war, weil sie daraus auf das Alter ihres Künftigen schließen konnte. Und tat sich gar nichts – ritt sie weinend wieder zurück ins Haus.

Aktive Orakel

Wir sagten es schon im letzten Abschnitt: Die Grenzen zwischen aktiven und passiven Orakeln sind fließend. Schließlich wurde bei allen gerade erwähnten Orakeln auch eine gewisse – wenngleich geringe – Aktivität seitens des oder der Wissbegierigen verlangt. Ebenfalls gering ist die erforderliche Eigenbeteiligung bei einem aus Frankreich bekannten Orakel, das wir hier dennoch zu den aktiveren rechnen möchten. Man benötigt dafür nämlich ein Haar der geliebten Person – und das zu bekommen ist nicht immer unbedingt einfach. Hat man es aber endlich, nimmt man es zwischen Daumen und Zeigefinger der linken Hand und pustet leicht darüber: Kräuselt es sich ein wenig, wird man vom Haarbesitzer wiedergeliebt.

Geh auf den Markt oder zum Bauern und kauf einen schönen roten Apfel. Wasch ihn an einer Quelle oder in einem sauberen fließenden Gewässer gut ab (die meisten Äpfel sind gespritzt!). Trockne ihn anschließend mit einem Kleidungsstück, das du auf der Haut trägst oder getragen hast.

Um Mitternacht an einem der »guten« Tage verschließt du die Tür deines Zimmers, ziehst dich aus und setzt dich mit dem Rücken zur Tür auf den Fußboden. Nun schälst du deinen Apfel möglichst dünn und vor allem in einem Stück. (Vielleicht solltest du überhaupt besser mehrere Äpfel kaufen und erst einmal ein bisschen üben!) Konzentrier dich dabei ganz auf deine Aufgabe. Anschließend wirfst du die Schale mit der rechten Hand über den Kopf und die linke Schulter in Richtung Tür.

Schau dir an, was für eine Figur die auf dem Boden liegende Schale bildet, und überleg dir, welchem Buchstaben sie am ehesten ähnelt: Mit diesem Buchstaben beginnt der Name des- oder derjenigen, mit der du in enge Verbindung treten wirst.

Dieses Orakel war – in unterschiedlichen Variationen – eines der beliebtesten überhaupt, doch neben der Frucht der Liebe, dem Apfel, war auch die Nuss ein begehrtes Zaubermittel. Der Walnussbaum wurde vielerorts mit Geistern und Feen in Zusammenhang gebracht – konkret als ein von ihnen bevorzugter Aufenthaltsort betrachtet. Daher hielt man den Baum und dessen Früchte als für magische Zwecke höchst geeignet. Dafür, dass ein Nusszauber oder -orakel funktioniert, sind also nicht die Frucht oder der Baum, sondern die Feen verantwortlich. Denn anders als wir können sie in die Zukunft schauen und – wenn sie Lust dazu haben – uns darüber Auskunft geben.

Zum anderen bezeichnet man nicht ohne Grund zwei gewisse männliche Körperteile als »Nüsse« – erotische Faktoren spielen bei Nussorakeln also auch eine große Rolle!

Besorg dir mehrere Nüsse, nach Möglichkeit sammelst du sie selbst! Such dir die Schönste heraus und öffne sie so, dass du zwei glatte Hälften erhältst. Kratz mit einem Messer das Innere säuberlich heraus. Nun lass in jede Nusshälfte Bienenwachs hineintropfen, und zwar so viel, dass du einen Docht (notfalls genügt ein Streichholz) hineinstecken kannst. Das Ganze unternimm nur dann, wenn du allein bist, Zeit hast und dich keine dringenden Sorgen plagen, die deine Gedanken beanspruchen.

In der Neujahrsnacht oder an einem anderen »guten« Tag füllst du gegen Mitternacht eine Schüssel mit Wasser (unnötig zu sagen, dass es Quellwasser sein sollte), denkst intensiv an die geliebte Person und zündest vorsichtig die beiden Dochte an. Brennen sie, setzt du die beiden Nussschalen in die Mitte der Schüssel behutsam auf das Wasser und siehst zu, was passiert.

Treiben die beiden Schalen aufeinander zu, bleiben sie beieinander und berühren sich gar – kannst du aufatmen, denn aus euch beiden wird ein Paar. Entfernen sich die Schalen aber voneinander, solltest du vielleicht besser zu einem konkreten Liebeszauber greifen!

Gibt es mehrere Kandidaten, unter denen man sich nicht entscheiden kann, bereitet man entsprechend viele Nussschalen-Kerzen vor und versieht jede mit einem in Frage kommenden Namen (die Letzte natürlich mit dem eigenen!). Derjenige, mit dem man dann selbst in der Schüssel »aneinander gerät«, wird der oder die Liebste werden.

Nüsse finden übrigens auch bei anderen Liebesorakeln Verwendung: Wenn man sie nämlich an Weihnachten mit Bröckchen von dem füllt, was es abends zum Essen gab, und auf dem Esstisch zurücklässt, freuen sich die Geister über diese Opfergabe so sehr, dass sie zum Dank der Person, die so nett an sie gedacht hat, im Traum den Zukünftigen erscheinen lassen. Noch sicherer funktioniert diese Methode, wenn man sich obendrein vor dem Zubettgehen das Gesicht wäscht, es aber nicht abtrocknet – denn dann wird sich der oder die Liebste fürsorglich darum kümmern!

Wer ein wenig mehr Geduld hat, kann sich auch in einer

Gärtnerei zwei kleine Pflänzchen »unterschiedlichen Geschlechts« besorgen; sehr beliebt waren früher beispielsweise Kohlrabi (männlich) und Rübe (weiblich). Doch tun es auch Pflänzchen von Blumenkohl, (Kopf-/Feld-/Radicchio-) Salat oder Mangold für den männlichen Teil des Orakels und Paprika, Tomate oder Strohblume für den weiblichen. Beide Pflanzen werden zusammen in einen großen Topf gesetzt. Die eine ist man selbst, die andere der, den man liebt. In gleichem Maße, wie die beiden gedeihen, wird auch die Liebe gedeihen. Also gut pflegen!

Wer mag und Geduld hat, kann sich natürlich auch Samen von besonders sinnigen Pflanzen beschaffen und sie selbst aussäen. Die Winde, die wir zu diesem Zweck kurz zum *Winderich* ernennen, ergibt mit der Sonnenblume, um die er sich rankt, ein sehr schönes Paar. Mögliche andere Kandidaten wären etwa auch Mais und Wicke oder Erbse bzw. Bohne mit Majoran. Auch in diesem Fall sind der Fantasie keine Grenzen gesetzt, doch funktioniert das alles nur, wenn … nun? Richtig: wenn alle Voraussetzungen getreulich erfüllt werden.

Gut wäre für dieses letztgenannte Orakel (das man eigentlich schon fast als richtigen Liebeszauber bezeichnen kann) beispielsweise, wenn die Erde von einem für magische Handlungen besonders geeigneten Ort stammte: wenn man sie also von einem Kreuzweg oder einer »heiligen« Stätte, etwa bei einem Hünengrab, einer alten Quelle oder einem sehr alten Baum aufsammelt. Und wenn die Samen oder Pflänzchen dann mit Quellwasser oder mit Regenwasser, nicht mit schnödem Leitungswasser begossen werden, wird ihr Wachstum und damit das Orakel sicher positiv beeinflusst!

Einer richtigen Zauberei mit selbst gepflanzten Blumen begegnen wir dann im übernächsten Kapitel.

Vielleicht sollten wir uns an dieser Stelle noch einmal vor Augen halten oder bewusst machen, dass ein Orakel nicht etwa dem Lottospielen vergleichbar ist. Was wir dabei tun, ist vielmehr, jemanden, der Bescheid weiß, fragen, wie denn ein bestimmter Aspekt unserer Zukunft aussieht. Dieser Jemand, dessen Identität wir nicht kennen, denkt im Allgemeinen gar nicht daran, uns seine Weisheiten auf die Nase zu binden, und muss durch bestimmte Maßnahmen für uns eingenommen werden. *Deswegen* müssen wir all das erfüllen, was wir die »Voraussetzungen für das Gelingen eines Zaubers« genannt haben, denn alle haben – direkt oder indirekt – letztlich den einen Zweck, diesem unbekannten Jemand (bei dem es sich natürlich durchaus auch um eine *Jemandin* handeln kann) nach Strich und Faden um den Bart zu gehen.

Wenn ein Orakel nicht nach unseren Wünschen ausfällt, ist zwar zunächst davon auszugehen, dass es eben nicht hat sollen sein. Wir sollten uns aber auch fragen, ob wir uns denn auch wirklich ausreichend auf das Orakel vorbereitet hatten, und insbesondere, ob wir dem unsichtbaren Jemand, den wir dabei ja eigentlich befragen, hinreichend unseren Respekt erwiesen hatten.

Wer jetzt lächelt, der sei daran erinnert, dass wir ja schließlich auch im »richtigen« Leben selten etwas umsonst bekommen – und demjenigen, von dem wir Geschenke erwarten, wie etwa Erbtante Hilda, regelmäßig Karten aus dem Urlaub schicken oder durch gelegentliche kleine Besuche eine Freude zu machen versuchen.

Und ist es nicht in Wirklichkeit Bequemlichkeit, ja schlichte *Faulheit,* zu meinen, Feen und sonstige Geistwesen müssten – als die »geistigen« Wesen, die sie nun einmal sind – selbstloser und uneigennütziger als eine menschliche Erbtante sein?

Kurzum: Ein kleines Opfer, bevor wir uns ans Orakeln machen, ist immer eine gute Idee und kann nie schaden!

Wenn du kochen kannst, rühr an einem der guten Tage eine Knödelmasse an. Wenn du darin nicht begabt bist, kauf dir trotzdem keine Fertigpackung, sondern stell aus Mehl und Wasser etwas her, das Knödeln wenigstens ähnelt, denn du brauchst sie ja nicht zu essen. Schreib nun auf verschiedene Zettelchen Namen verschiedener Männer (oder Frauen) deiner Bekanntschaft, darunter auch den Namen von dem, auf den du es abgesehen hast. Du kannst wahlweise auch kleine Gegenstände, beispielsweise unterschiedliche Knöpfe, nehmen, die du jeweils einem bestimmten Namen zuordnest. Knete jeden Zettel (oder Knopf) in einen Knödel ein und bring inzwischen Wasser zum Sieden.

Sobald es kocht, legst du alle Knödel gleichzeitig hinein und wartest geduldig ab, während du dich in Gedanken ausschließlich auf den Zweck des Orakels konzentrierst. Hol den ersten Knödel heraus, der wieder an die Oberfläche kommt und sieh nach, wessen Name auf dem Zettel steht: Er (oder sie) wird es sein, mit dem du in eine engere Beziehung treten wirst.

Im Zusammenhang mit den Orakeln müssen wir unbedingt noch einmal auf Sankt Andreas zurückkommen, mit dem wir uns ja schon in einem früheren Kapitel beschäftigt hatten. Denn abgesehen von dem früher deutschlandweit beliebten Brauch des »Bettladentretens« gibt es noch ein weiteres Orakel, das ausschließlich mit diesem Heiligen in Zusammen-

hang gebracht wird und daher wirklich nur in der Nacht zum Andreastag, also dem 30. November, ausgeführt werden sollte. Es dient zum einen dazu, den oder die Zukünftige herbeizurufen, damit wir sehen können, um wen es sich dabei handelt. Zum anderen möchte man damit ermitteln, ob er oder sie arm oder reich sein wird.

Man stellt also am besagten Abend in seinem Schlafzimmer auf einen Tisch, der mit einem weißen Tuch bedeckt ist, ein Glas mit Wein und eines mit Wasser. Dann zieht man sich nackt aus, stellt sich vor den Tisch und sagt andächtig und leise (wobei ein Mann natürlich den Vers entsprechend ändert):

> *Mein lieber Sankt Andres.*
> *Lass doch vor mir erscheinen*
> *Den Herzallerliebsten meinen.*
> *Soll er mir werden reich,*
> *Schenkt er eine Kanne Wein.*
> *Soll er mir werden arm,*
> *So schenke er mir eine Kanne Wasser.*

Über das, was dann geschieht, gehen die Aussagen auseinander. Die einen wollen wissen, dass (angesichts solch umwerfender Reime!) der Künftige nicht widerstehen kann, ins Zimmer tritt und entweder aus dem einen oder dem anderen Glas trinkt. Die anderen sagen, nun müsse man sich schlafen legen, im Traum erscheine einem der für einen Bestimmte, und am anderen Morgen sei eines der Gläser leerer als das andere – und damit sei die Sache klar.

Wer übrigens lediglich wissen möchte, ob er im darauffolgenden Jahr das elterliche Haus verlässt, um zu heiraten oder mit einem Freund (oder einer Freundin) zusammenzuziehen, der kann sich am Neujahrsabend, an Weihnachten

oder Dreikönige wieder mit dem Rücken zur Tür in die Diele setzen und mit der rechten Hand (andere sagen mit den Zähnen) einen seiner Schuhe über die linke Schulter schleudern. Ein dazu zu sagender Spruch lautet beispielsweise:

Schuh, Schuh, Schuh,
zeig wohin ich gehen tu!

Zeigt der Schuh anschließend mit der Spitze zur Tür, weiß man, dass man das Haus binnen der nächsten zwölf Monate verlassen wird.

Fünftes Kapitel

Beschwörungen — ein erprobtes Rezept für besonders Beharrliche

So albern die Verslein an den heiligen Andreas, die wir inzwischen kennen gelernt haben, uns auf den ersten Blick auch vorkommen mögen, so wenig lächerlich erschienen sie früher denjenigen, die sie im stillen Kämmerlein verwendeten. Ihnen war nämlich etwas völlig klar, was wir uns erst wieder bewusst machen müssen: »Noch stärkere Macht als in Kraut und Stein liegt in dem Wort.«

Nicht nur bei uns, sondern bei allen Völkern der Erde wusste man um die gewaltige Macht des Wortes. Wusste, dass man damit Böses wie Gutes herbeirufen, von sich fernhalten und bannen konnte. Wusste, dass es in vielen Fällen gescheiter war, ein bestimmtes Wort nicht auszusprechen, den richtigen Namen eines Kindes oder – aus jeweils entgegengesetzten Gründen natürlich – eines gefährlichen Tieres nie laut zu nennen.

Kurz, man wusste – und weiß in vielen Ländern der Welt

noch heute –, dass nicht nur schiere körperliche Kraft Dinge in Bewegung setzen kann, sondern auch eiserner Wille, Konzentration und eben das gesprochene Wort.

Der folgende Zauber ist eigentlich dazu gedacht, im Freien durchgeführt zu werden; wenn das Schlafzimmerfenster aber nach Süden oder Südwesten geht, lässt er sich auch durchaus im Haus in die Tat umsetzen.

Schau in den Kalender und warte ab, bis der Mond zunimmt. Wenn du feststellst, dass der Himmel klar sein wird, lass das Abendessen ausfallen, nimm ein Bad, verschließ deine Zimmertür und zieh dich nackt aus. Öffne das Fenster und halte nach dem Mond und dem Abendstern Ausschau. Konzentriere dich dann im Geist auf das Bild der von dir geliebten Person, halte den Stern fest im Blick und sage dabei:

> *»Grüß dich Gott, Abendstern,*
> *Ich seh dich heut und allzeit gern,*
> *Scheint der Mond übers Eck*
> *Meinem Herzliebsten aufs Bett,*
> *Dass er nicht rastet und nicht ruht,*
> *Bis er an mich denken tut.«*

Anstelle des »Herzliebsten« kannst du natürlich auch den Namen dessen einsetzen, den du bezaubern willst.

Um nun auf die »albernen Verslein« zurückzukommen, so sind sie nicht nur einfach aneinander gereihte Wörter, sie sind tatsächlich Beschwörungen, wobei wir zugestehen wollen, dass sich zwischen einer Beschwörung und einem Gebet

nicht immer klar unterscheiden lässt. Wesentlich bei einer Beschwörung ist zum einen, dass eine bestimmte Macht angerufen wird, die das Gewünschte bewirken soll. Ob es sich um den heiligen Andreas, Gott, einen Geist oder etwa die Hollerfee handelt, spielt keine große Rolle; ein übernatürlicher Jemand muss helfen, und dieser Jemand wird beschworen, dies oder jenes bitte, *bitte* (oder auch gefälligst!) zu tun.

Das zweite Besondere an einer Beschwörung ist die ständige Wiederholung. Je öfter sie wiederholt wird, desto besser oder eher wirkt sie. Und damit sie sich gut wiederholen lässt – und hier sind wir schon beim dritten Punkt –, ist sie häufig in Versform abgefasst oder in einer leicht auszusprechenden Formel. Denn sich bei der Beschwörung zu versprechen ist *gar* nicht gut!

Dass Kürze aber kein unbedingtes Muss ist, zeigt eine mehrere tausend Jahre alte ägyptische Beschwörungsformel, die etliche Sätze lang ist und damit jede Menge Gelegenheiten zu Versprechern bietet. Sie war also etwas für Anspruchsvolle und musste vor dem Gebrauch mit Sicherheit gründlich eingeübt werden. Ein kurzer Ausschnitt daraus möge genügen:

 *Ich setze mein Vertrauen in dich zugunsten von N. N., auf dass ich Honig werde in ihrem Leib, Manna auf ihrer Zunge. Sie möge mich begehren, als ob ich die Sonne wäre. Sie möge an mir hängen wie ein Tropfen Wasser an einem Krug. Sie möge sein wie die Biene auf der Suche nach Honig, wie eine läufige Hündin, wie eine Katze, die verlangend von Haus zu Haus stromert, wie eine brünstige Stute.*

Die läufige Hündin und die brünstige Stute hätten wir wahrscheinlich eher ausgelassen, denn wer will schon, dass seine

Beschwörungen

Liebste mit jedem, der ihr über den Weg läuft ... Na ja, vielleicht war das ja auch nicht so gemeint. Wer weiß schon, was im Kopf eines vor mehreren tausend Jahren lebenden Ägypters vorging. Wir wissen allerdings auch nicht, wie sich diese Formel im Original anhörte, ob sie sich also reimte. War dies der Fall (und auch sonst), könnte es – wie dies beispielsweise in Indien immer noch üblich ist – von Vorteil gewesen sein, sie zu singen. Dann ist der Rhythmus vorgegeben und man läuft weniger Gefahr, sich zu verhaspeln. Außerdem könnte die Musik die Wirkung der Beschwörung noch verstärken.

Mögen über diesen letzten Punkt auch unterschiedliche Auffassungen vorherrschen, sicher ist jedenfalls, dass die ständige Wiederholung die Wirkung einer Beschwörung intensiviert. Bei einfacheren Krankheitsbeschwörungen reichen laut »Rezept« lediglich drei oder sieben Wiederholungen in bestimmten Zeitintervallen, doch dürfte auch hier mehr oder häufiger sicher nicht geschadet haben.

Wie wohl schon der Unterschied zwischen der Anrufung des Abendsterns und dem Ausschnitt aus der ägyptischen Beschwörung gezeigt hat, kann die Form, in der eine Beschwörungsformel gehalten ist, stark variieren. Während der heilige Andreas in den weiter oben zitierten Verslein höflich gebeten wurde, den Liebsten erscheinen zu lassen, ist das »gefälligst« in Beschwörungen auch nicht eben selten.

Als Beispiel sei hier eine kernige Beschwörung der Südslawen angeführt; wer sie ausprobieren möchte, kann sie abends beim Zubettgehen aufsagen:

 *Ich legte mich auf neun und neun Betten und legte mich auf neun und neun Polster und deckte mich zu mit neun und neun Decken. Doch mein Liebster XY soll sich auf neun und neun Läuse legen, und soll*

sich mein Liebster XY auf neun und neun Ameisen legen, und soll sich mein Liebster XY auf neun und neun Flöhe legen, und soll sich mein Liebster XY auf neun und neun Wanzen legen!! Die Flöhe beißen ihn, sie treiben ihn zu mir; die Ameisen beißen ihn, sie treiben ihn zu mir; die Läuse beißen ihn, sie treiben ihn zu mir; die Wanzen beißen ihn, sie treiben ihn zu mir. Er soll zu mir kommen, mir, dem hübschen, hochgewachsenen, schönen Mädchen!

Wer (wie wir) die Vorstellung, seinem oder seiner angestrebten Liebsten Flöhe und Wanzen »ins Bett zu beschwören«, wenig appetitlich findet (schließlich könnten wir ja bald *selbst* darin liegen!), kann diese Tierchen getrost gegen Mücken, Bienen und Wespen austauschen; wir denken nicht, dass sich die Wirkung der Beschwörung dadurch wesentlich abschwächt!

Aber wie eine Beschwörung im Einzelnen zu klingen habe und in welchem Ton mit dem unsichtbaren Jemand zu reden sei, muss letztlich jeder für sich selbst entscheiden. Womit wir eigentlich nur sagen möchten, dass sich jeder seine eigene Liebesbeschwörung zurechtbasteln kann. Das soll nun aber nicht heißen, dass auch *jede* selbst gemachte Beschwörung die erwünschte Wirkung zeitigt.

Nicht unbedingt zu empfehlen wäre etwa die folgende Form: »Lieber heiliger Andreas, wenn du mal etwas Zeit hast, äh… könntest du dann vielleicht unter Umständen dafür sorgen … es ist nämlich so, dass … hmm … ich den Robin liebe, er mich aber nicht. Könntest du also bewirken, dass …« Bevor wir mit unserer Beschwörung zu Ende sind, ist der gute Heilige eingeschlafen oder in anderen dringenden Geschäften unterwegs.

Wer jetzt dagegenhält, dass sich die ägyptische Beschwörung schließlich auch über mehrere Absätze hinzieht, dem entgegnen wir: Stimmt; aber sie stottert nicht vor sich hin! Sie sagt klipp und klar, was der Beschwörer von den Göttern wollte. Ob er sich anschließend darüber freute, wenn seine Liebste wie eine Biene an jeder Blüte naschte und wie ein Tropfen am Krug hing und schließlich doch hinunterfiel, war sein Problem.

Mehr zu empfehlen aber ist vermutlich ein kurzes und bündiges: »Heiliger Andreas, mach, dass mich der Robin liebt.« Leichter einzuprägen und also auch leichter zu wiederholen ist ein Verschen. So ein Reim könnte also etwa lauten:

> *Lieber Andres, hör mir zu:*
> *Robin lässt mir keine Ruh.*
> *Lass ihn mich lieben bitteschön,*
> *danke und Auf Wiedersehn!*

oder:

> *Lass ihn mich lieben ewiglich,*
> *nur darum, Andres, bitt ich dich.*

Wir wissen, diese Verse sind an metrischer und sonstiger Perfektion kaum zu schlagen, wollen aber nicht ausschließen, dass auch der einen oder anderen unter unseren Leserinnen ähnlich schöne Reime gelingen; und wer obendrein musikalisch ist, kann sich dazu eine Melodie ausdenken.

  *Wenn du möchtest, dass dich jemand mag, so sprich,*
sobald du über seine Schwelle trittst, leise für dich:
»Hier schreit ich über die Schwelle,
Christus der Herr ist mein Geselle.

Christus schwert,
wer mich flieht,
der hält mich ehrenwert.«

(Ja, es ist ein obskurer Spruch!) Dann musst du dich dreimal auf dem rechten Fuß umdrehen und in Gedanken sagen:

»*Von unten auf sehe ich dich,*
von oben überwind ich dich«.

(Vielleicht überlegst du dir zuvor eine gute Erklärung für dein seltsames Betragen!)

Beschwörung für Beharrliche

Für die dichterisch weniger Begabten unter uns – oder für solche, die sich lieber an Bewährtes und Erprobtes halten – sei nun aber eine Beschwörung empfohlen, die gleichzeitig ein echter Liebeszauber ist *und* die wirklich und wahrhaftig funktioniert – wie der weibliche Teil der Autoren, Ditte, aus eigener Erfahrung bestätigen kann. Der männliche Teil der Autoren, Giovanni, hat sie nämlich in vielen langen einsamen monotonen Stunden mit gutem Erfolg ihretwegen durchgeführt.

Die Formel ist aber nicht einfach und sollte ein wenig vorab geübt werden, da sie demjenigen, der *nicht* zufällig in Sanskrit bewandert ist, wie reines Chinesisch vorkommen wird.

Der Einfachheit halber haben wir die Beschwörung so aufgeschrieben, wie man sie aussprechen muss und sooo schwer ist das Einprägen dann doch nicht. Hier also das Rezept; es stammt aus einem alten indischen Zauberbuch.

Du brauchst eine Kette mit hundert Perlen. Am besten wäre natürlich eine echte indische Mala, ein Rosenkranz, der dem Gott Shiva oder dem Vishnu geweiht ist und je nachdem entweder aus bestimmten Früchten oder dem Holz des indischen Basilikums besteht. Doch tut es auch jede andere Kette, die du aus Bohnen, Glas-, Holz- oder Halbedelsteinperlen und einer Seidenschnur selbst herstellen kannst.

Nimm auf alle Fälle eine rote Schnur und rote Perlen und achte darauf, dass sie nicht zu klein sind und beim Auffädeln nicht zu eng sitzen. Sie müssen beim späteren Zählen gut durch die Finger gleiten. Verschließ die Kette mit einer größeren Perle, damit du später ohne hinzuschauen merkst, wann du wieder am Anfang bist, und mach dort einen festen Knoten.

Bist du damit fertig, geh in einen Raum, in dem du für die nächsten paar Stunden mit Sicherheit ungestört sein wirst. Breite eine Decke oder ein Fell auf dem Boden aus und setz dich darauf, und zwar auf eine Weise, die du eine längere Zeit durchhalten kannst. Am besten wäre der Lotossitz, weil er die nötigen Energien am wirkungsvollsten freisetzt – aber nicht jeder ist daran gewöhnt.

Besitzt du ein Foto von der Person, die du bezaubern willst, leg es vor dich und betrachte es unausgesetzt, während du die Beschwörung durchführst. Ansonsten schließt du die Augen und konzentrierst dich auf ihr oder sein geistiges Bild. Ach, vergiss auch nicht, dir zuvor ein Stück Papier und einen Stift in Reichweite zu legen.

Nimm nun deinen Rosenkranz in die linke Hand und lass bei jeder Wiederholung des Zauberspruchs eine Perle durch die Finger gleiten. Wenn du wieder bei der großen Perle angelangt bist, also eine Runde vollendet hast, mach einen Strich auf dein Blatt und fang dann sofort mit der nächsten Runde an. Mach die Striche so (vier senkrecht, einen waagerecht), dass du auf einen Blick sehen kannst, wie viele Rosenkränze du schon hinter dir hast. Hundert Runden gilt es zu schaffen, denn 10.000mal musst du den folgenden Zauberspruch aufsagen:

OOM NAMOO BHAGAWATEE WAASU-
DEEWAAYA XY (hier fügst du den Namen ein)
WASCHAM MAMA KURU KURU SWAAHAA.

Was übersetzt soviel bedeutet wie:
»Om, Ehre sei dem erhabenen Vasudeva, bringe XY in meine Gewalt, so sei es.«

Selbstredend musst du diese Zauberhandlung an einem »guten« Tag durchführen, am besten abends, wenn die Welt schon zur Ruhe gegangen ist. Du solltest frisch gebadet sein, nach Möglichkeit nüchtern und entweder nackt oder in saubere Sachen gekleidet.

Sechstes Kapitel

Schweineherz und Löwenzahn – Zauberrezepte für jeden Geschmack

Sag's mit Blumen

Man kann sie essen, in die Vase stellen, an die Kaninchen verfüttern und – mit ihnen zaubern. Bereits bei den Amuletten und den Orakeln haben wir festgestellt, dass sich einige Blumen zu magischen Zwecken ausgezeichnet eignen. Wir haben bewusst »einige« gesagt, denn es ist nun nicht etwa so, dass man jede beliebige Pflanze dazu nehmen könnte. Keineswegs. Unter den vielen hundert, die sich theoretisch anbieten würden, sind es tatsächlich nur sehr wenige, die nach alter Ansicht zu einem Liebeszauber taugen.

Zwei Dinge erscheinen uns dabei bemerkenswert. Erstens sind es nicht nur bei uns zu Lande, sondern in ganz Europa immer wieder dieselben Pflanzen, die für Liebeszauber empfohlen werden.

Zweitens handelt es sich bei ihnen – entgegen dem, was

77

man vielleicht erwarten könnte – eher selten um besonders schöne oder auffällige Blumen. Von der Rose etwa hört man im Zusammenhang mit Zaubern recht wenig, kaum etwas von der Nelke, rein gar nichts von Narzissen, Lilien, Phlox, Hortensien, Clematis oder Tulpen und vielen anderen.

> *Für diesen Zauber benötigst du ein Zweiglein von einer Myrte und eine Salbeipflanze. Gut wäre es, wenn du sie erst eine Weile bei dir eingewöhnst, sie pflegst und mit Quell- oder Regenwasser gießt.*
>
> *An einem für Zauber geeigneten Tag pflückst du schweigend drei Blättchen vom Salbei und schreibst auf das eine mit einem roten Stift: Adam Eva. Auf das zweite schreibst du: Jesus Maria und auf das dritte deinen Namen und denjenigen der »Zielperson«.*
>
> *Lass die Blättchen trocknen und verbrenne sie dann gut zu Asche. Vom ebenfalls getrockneten Myrtenzweiglein zerkrümelst und zerreibst du einige Blättchen mit den Fingern. Anschließend gibst du alles in Wein oder eine andere Flüssigkeit. Nun musst du deinen Liebsten nur noch dazu bewegen, das Ganze zu trinken!*

Es sind also nicht die Schönheiten unter den Pflanzen, die eine magische Wirkung besitzen, sondern unauffällige, oft unbeachtet am Wegrand blühende Kräuter, die wohl die wenigsten von uns bewusst wahrnehmen, wenn wir sie nicht gerade suchen. Das Eisenkraut beispielsweise ist eine der Zauberpflanzen schlechthin und gleichzeitig mit seinen winzigen lilafarbenen Blütchen und dünnen Stengelchen völlig unscheinbar. Das nicht minder wichtige Johanniskraut blüht überall, die wenigsten aber wissen, wie es aussieht. Und das

Gleiche gilt für den wilden Majoran, für den Baldrian und den Rainfarn. Und wohl kaum jemand käme von sich aus auf den Gedanken, dass ausgerechnet der Holunder eine rechte Feenpflanze ist oder dass früher die Suche nach den höchst wirkmächtigen »Samen« des Farnes solch epidemische Ausmaße annahm, dass sie mancherorts gesetzlich verboten wurde!

Gerade die Tatsache aber, dass diese Pflanzen überwiegend unscheinbar und/oder alles andere als selten sind, gleichzeitig aber in ganz Europa als zauberwirksam geschätzt werden, beweist ja wohl einwandfrei, dass sie *tatsächlich* magische Kräfte besitzen. (Und wer jetzt noch daran zweifelt, möge sich schämen!)

Während nun Johanniskraut, Rainfarn, Farn und Eisenkraut praktisch keinen Geruch haben und auch sonst recht unauffällig sind, gibt es andere Zauberpflanzen, wie den im Rezept erwähnten Salbei, den Holunder oder den Baldrian, deren Blüten oder andere Pflanzenteile stark duften. Anders als die Schönheit, die ja nur bedingt eine Rolle spielt, ist der Duft offenbar durchaus von Bedeutung, denn er soll böse Geister fernhalten (der ursprüngliche Grund, nebenbei gesagt, warum sich die Menschen parfümieren!).

Der Rosmarin ist eine der wenigen Pflanzen, bei denen nicht nur die Blüten, sondern buchstäblich alles duftet, und seine Zauberkraft ist dementsprechend weit und breit bekannt. Wir begegneten ihm schon bei den Amuletten und treffen ihn auch später noch einmal, denn er ist nicht nur gut zum Würzen von südländischen Gerichten, er ist auch sonst vielseitig einsetzbar. Der nun folgende Liebeszauber lässt sich – vorausgesetzt, wir haben zu dem Opfer unserer Begierde näheren Kontakt – ohne jegliche Schwierigkeiten durchführen.

Geh an einem Freitag bei Voll- oder Neumond zum Gärtner und such dir eine (wenn möglich blühende) Rosmarinpflanze aus. (Wenn du schon eine Pflanze besitzt, umso besser.) Nimm drei deiner Haare, schneide sie so klein wie möglich und vermische sie mit der Erde im Topf. Gieß nun die Pflanze jeden Abend vor dem Schlafengehen mit Quell- oder Regenwasser, und zwar wenigstens sieben Tage lang (ertränk sie aber nicht, Rosmarin braucht nicht viel Wasser). Je länger du den Rosmarin pflegst, desto sicherer wirkt der Zauber! Denk jedesmal, wenn du dich mit ihm beschäftigst, ganz fest an die Person, die du bezaubern möchtest.

So weit, so einfach.

Nun kommt der schwierigere Teil: Das nächste Mal, wenn du deinen Schwarm siehst, musst du ihm seine Jacke, seinen Pullover oder seinen Mantel auf irgendeine Weise entwenden und damit irgendwohin verschwinden, wo du ein paar Minuten lang ungestört bist. Nun musst du in Windeseile eine Zweigspitze deines Rosmarins an eine gute Stelle dieses Kleidungsstücks platzieren, und zwar natürlich so, dass man sie nicht sieht oder sonstwie merkt, dass sie da ist. Ein Anorak oder Mantel eignet sich am besten, weil er meist mehrere Taschen hat, am ehesten ausgezogen wird und unbeobachtet bleibt und außerdem nicht so häufig gewaschen wird. Sobald du dieses Kunststück bewerkstelligt hast, legst du das Kleidungsstück wieder an seinen Platz zurück. Fertig.

Während man den Rosmarin überall kaufen kann und seine Wirkung doch nicht bezweifelt wird, besteht die Macht einer

anderen unscheinbaren Pflanze in ihrer Seltenheit. Es ist klar, was gemeint ist: das vierblättrige Kleeblatt. Mit ihm lassen sich eine Menge Dinge anstellen, unter anderem kann man mit ihm genau denselben Zauber durchführen wie mit dem Rosmarin – allerdings mit einem kleinen, feinen Unterschied: Der Klee darf eben nicht gekauft sein. Mit anderen Worten, der vierblättrige Klee, den wir an Silvester überall erstehen können, ist für einen Zauber welcher Art auch immer nicht zu gebrauchen. Man muss ihn finden, sonst wirkt er nicht.

Ist man aber erst einmal in den Besitz eines solchen natürlich gewachsenen Kleeblattes gelangt, sollte man leicht darauf spucken, um es gewissermaßen mit sich selbst zu imprägnieren, und dann damit wie im obigen Rezept für den Rosmarin verfahren. Auf das Thema Spucke werden wir übrigens im nächsten, im »verbotenen Kapitel«, noch einmal zu sprechen kommen.

Vorerst beschäftigen wir uns aber mit einer Blume, die ausnahmsweise einmal nicht unscheinbar ist, sondern sehr schmuck und hübsch gelb oder orange, und die obendrein jeder kennt: die Ringelblume.

Das Gute an ihr ist zum einen ihre Robustheit, zum anderen ihre völlige Anspruchslosigkeit. Jeder noch so Unbegabte kann sie zum Keimen, Wachsen und Blühen bringen, und genau das muss man im nächsten Liebeszauber, der ebenfalls im Prinzip und mit ein wenig Geschick sehr leicht durchzuführen ist:

 *Du brauchst ein Tütchen mit Ringelblumensamen, wie du sie in jeder Samenhandlung bekommst. Nun musst du es so einrichten, dass du mit deinem Auserwählten einen Spaziergang machst oder ihn dazu*

*bewegst, irgendwo hinzutreten, wo Erde ist – und
zwar am besten an einem Tag, an dem der Boden
feucht und weich ist. Wie du das anstellst, ist deine
Sache, aber irgendeine Lösung wird dir schon einfallen. Merk dir genau, wo er seinen Fuß hinsetzt
(markier dir die Stelle notfalls mit einem oder mehreren unauffällig hingeworfenen Steinchen).*

*Sobald du dich unbeobachtet weißt, gräbst du mit
einem extra dafür mitgebrachten kleinen Werkzeug
Erde von seiner Fußspur aus und schaufelst sie in eine Tüte. Zu Hause kippst du sie in einen Blumentopf,
feuchtest sie mit Quellwasser gut an, wartest einen
»guten« Tag ab, wenigstens aber einen Freitag, Voll-
oder Neumond, und drückst dann zwei Ringelblu-
mensamen hinein. Deck den Topf mit einer Frisch-
haltefolie ab (nur so lange, bis die Samen gekeimt
sind) und stell ihn an einen sonnigen Platz, am besten ins Freie.*

*Sobald die Blumen blühen, was bei der Ringelblu-
me sehr rasch geht, kannst du auf Gegenliebe hoffen.*

Wie gebräuchlich (und weit verbreitet) dieser Liebeszauber
übrigens früher war, zeigt ein Liedchen, das die Mädchen in
Osteuropa sangen. (Mit der »Niewelkblume« ist die Ringelblume gemeint, weil sie bis in den Frost hinein blüht.)

> *Abends ging ich durch die Pfirsichgasse,*
> *Unter Pfirsichbäumen stand mein Liebchen.*
> *Ich erbat von ihr mir einen Pfirsich.*
> *Leise macht das Liebchen mir den Vorwurf:*
> *«Deine Mutter hat mich scharf getadelt,*
> *Dass ich junges Blut dich hätt verzaubert.*

Schweineherz und Löwenzahn

Nein, ich tat's nicht, Gott kann mir's bezeugen.
Nur die Spur hab ich dir aufgegriffen,
Hab auf ihr gepflanzt die Niewelkblume.
Welk nicht Liebster, bis du mich besucht hast!«

Neben der Ringelblume wurde auch eine andere schöne und allen wohlbekannte Pflanze zu Liebeszaubern verwendet: die Sonnenblume. Wie die Ringelblume ist sie sehr einfach heranzuziehen und bescheiden in ihren Bedürfnissen. Nur muss sie besser gedüngt werden als die Ringelblume. Die Zigeuner, die, wie jeder weiß, in allen Arten von Zauberei bewandert waren, benutzten sie für einen nicht ganz einfachen Liebeszauber, der nach den Angaben einer weisen Frau, die Ende des 19. Jahrhunderts lebte, folgendermaßen durchgeführt wird:

Besorg dir zwei kleine ausgereifte Sonnenblumen, eine mit weißen Samenkörnern, die als weiblich, die andere mit schwarzen Samenkörnern, die als männlich gelten. Am besten ist natürlich, du ziehst die Pflanzen selbst heran. Falls du es aber sehr eilig mit deinem Zauber hast, musst du dir eben die Blumen auf dem Markt oder beim Gärtner besorgen. Du brauchst auch ein goldenes Bändchen oder einen goldenen Faden, Honig (keinen Kunsthonig!) und Butter.

Entferne nun aus beiden Köpfen die Körner. Den »weiblichen« Kopf schneidest du anschließend ringförmig aus, umwickelst ihn locker mit dem goldenen Band und bestreichst ihn mit ein wenig Honig. Den »männlichen« Blütenboden schneidest du scheibenförmig zurecht, so dass er in den Ring

hineinpasst, und bestreichst ihn mit Butter. Während du das alles tust (natürlich an einem »guten« Tag, am besten bei Neumond), solltest du intensiv an den Geliebten denken und dabei immer wieder eine Beschwörung murmeln, die etwa (schau im Kapitel Beschwörungen nach!) lauten könnte: »Lieber Gott, mach, dass mich der Michael liebt!«

Nun musst du es so einrichten, dass du den Ring bei dir trägst, wenn du »ihm« das nächste Mal begegnest. Stell dich so hin, dass er dir das Gesicht zuwendet (ohne dass er sieht, was du gleich treiben wirst!) und betrachte ihn durch den Sonnenblumenring.

Dazu sagst du leise: »Ich schaue dich nicht an, Michael (oder wie immer er heißt), du schaust mich an, schaust mir in mein Herz, in meine Herzfasern hinein, meine roten Wangen, meine weiße Haut. Ich bin in deinen Augen goldig, goldig und mit Gütern gesegnet; du siehst andere nicht, sondern schaust nur mich, du siehst nie andere außer mir.«

Anschließend fügst du beide Sonnenblumenböden ineinander und trägst sie (am besten unter der Achselhöhle) sieben Tage lang bei dir.

Ehrlich gesagt ist die zitierte Beschwörung nicht ganz vollständig. Im Original folgte ihr noch ein saftiger Fluch folgenden Inhalts, dass der Bezauberte – sollte er wider Erwarten und Menschenvernunft *nicht* in Liebe zur Zauberin entbrennen – »verrecken«, »zerplatzen« und noch einiges andere mehr sollte. Da wir aber niemandem etwas so Böses an den Hals wünschen wollen (und außerdem sowieso davon ausgehen, dass der Zauber wirkt), sehen wir von einem solch barbarischen Zusatz ausdrücklich ab.

Dass bei diesem Zauber die Sonnenblume verwendet wurde, geschah sicher nicht ohne Grund, da sie mit Schönheit in Verbindung gebracht wird. Dadurch dass die Zauberin durch die Sonnenblume schaut, wird sie in den Augen desjenigen, den sie bezirzen möchte, selbst so außergewöhnlich hübsch, dass er nur noch Augen für sie hat. In solchen Analogie-Zaubern – und zwar ausschließlich in solchen – spielt die Schönheit einer Blume also tatsächlich eine Rolle.

Erscheint einem dieses Rezept, so schön es auch sei, doch zu schwierig durchzuführen, kann man sich stattdessen – vorzüglich am Johannistag, sonst aber wirklich nur an einem Zaubertag, Freitag oder bei Voll- oder Neumond – entweder mittags um zwölf oder um Mitternacht ein Blatt von einem Nussbaum pflücken. Dieses Blatt trägt man nun am eigenen Körper, bis sich eine Gelegenheit findet, es dem oder der Angeschmachteten (natürlich unbemerkt!) in den Schuh zu stecken. Das Gleiche lässt sich übrigens auch mit dem schon erwähnten vierblättrigen Kleeblatt durchführen – also Augen auf beim Spazieren- oder Gassigehen!

Schmetterlinge im Bauch

Dieser Abschnitt wird nicht allzu lang ausfallen, und zwar aus folgendem Grund: Es gibt tatsächlich eine ganze Anzahl von Liebeszaubern, die mit Tieren durchgeführt werden. Da die meisten dieser Rezepte aber verlangen, dass das entsprechende Tier dafür getötet wird, möchten *wir* nichts damit zu tun haben. Und wir möchten auch niemanden in Versuchung führen, aus purer Herzensnot ein solches Rezept auszuprobieren.

Ein paar Zauber können wir aber doch guten Gewissens vorstellen, denn bei ihnen ist es nicht nötig, ein Tier umzu-

bringen. Die einzige Ausnahme ist ein Rezept, für das ein Taubenherz benötigt wird. Da es tote Tauben aber in Feinkostgeschäften ganz regulär zu kaufen gibt, hielten wir es für vertretbar, das Rezept hier vorzustellen.

»Wo ist bitte schön da der Unterschied?«, mag man hier einwenden. Und wir geben jedem Vegetarier, der sich generell gegen die Tötung von Tieren wendet, unbedingt Recht. Wer aber Fleisch isst, dürfte doch eigentlich nichts dabei finden, das Herz des Vogels (gleich ob Hähnchen, Weihnachtsgans oder eben Taube), den er in den Bräter legt (oder sich von Mama knusprig gebraten vorsetzen lässt), ein wenig zweckzuentfremden. Oder? Aber das muss natürlich jeder mit sich selbst ausmachen. Im nächsten Abschnitt wird jedenfalls noch ein Zauber mit einem Schweineherz beschrieben – und das gibt es ja nun wirklich bei jedem Metzger zu kaufen.

Mehr aber als für die Schweine gilt für die Tauben bekanntlich, dass sie einander in Liebe und Treue zugetan sind – was allerdings mehr auf einem Gerücht als auf Wahrheit beruht. Sie führen nämlich lediglich eine Saisonehe, während manch anderer, weniger symbolträchtige Vogel, wie etwa die Gans, wirklich einen Partner fürs Leben wählt. Aber wie dem auch sei, jedenfalls spielen in Liebeszaubern oft solche Tiere eine Rolle, die in irgendeiner Weise mit sexueller oder seelischer Liebe in Verbindung gebracht werden.

In islamischen Ländern findet allerdings ausgerechnet der Wiedehopf, ein durch und durch heiliger Vogel, in der Magie Verwendung. Da es übelste Strafen nach sich ziehen soll, den Wiedehopf zu töten, und es bei seiner Seltenheit in unseren Breiten ohnehin schwer sein dürfte, einen auch nur von Ferne zu Gesicht zu bekommen (geschweige denn zu fangen), können wir eigentlich keinen Schaden anrichten,

wenn wir hier – nur als ein Beispiel für viele ähnliche Tier-
zauber – ein Rezept referieren, das Dittes Mutter vor vielen
Jahren von einem marokkanischen Zauberwarenhändler erfahren hat:

*Die Verliebte nimmt das Gehirn eines Wiedehopfs,
vermischt es mit Mehl und knetet daraus einen Brotfladen. Diesen lässt sie an einer schattigen Stelle gut
trocknen und gibt ihn dann dem Mann zu essen, den
sie bezaubern möchte.*

*Während er isst, soll sie leise (natürlich ohne,
dass er es hört) sprechen: »Ich habe dir, XY, Sohn
der YZ, einen Wiedehopf zu essen gegeben, und ich
veranlasse dich, meine Rede zu hören, mir zu Willen zu sein und Zeugnis für mich abzulegen, so wie
der Wiedehopf für Suleiman – Heil sei über ihn –
gezeugt hat.« Sobald der Fladen aufgegessen ist,
wird sie wiedergeliebt.*

Vielleicht sollten wir – auch wenn hierzulande heutzutage
nicht viele auf die Idee kommen dürften, ihren Schatz in spe
mit Vogelhirn zu füttern – zur Sicherheit doch ausdrücklich darauf hinweisen, dass der Wiedehopf bei uns vom Aus-
sterben bedroht und daher streng geschützt ist! Wer also unbedingt mit tierischen Substanzen arbeiten möchte, sollte
lieber gezüchtetes und im Laden erhältliches Geflügel verwenden. Im Wesentlichen nach demselben Prinzip wie der
Wiedehopf-Zauber funktioniert nämlich auch derjenige mit
dem Taubenherz, den eine bosnische Bäuerin kannte und
verriet:

Du musst es irgendwie einrichten, dass du deinen Auserwählten zum Kaffee einlädst oder überhaupt irgendwo mit ihm Kaffee trinkst. Kommt er zu dir nach Hause, kochst du einen schwarzen Kaffee, also einen, der richtig schön bitter ist (damit dein Gast nichts merkt). Zuvor besorgst du dir das Tauben-herz, kochst es gut und zerkleinerst es möglichst fein. Außerdem brauchst du etwas Gewürznelken-pulver (gegebenenfalls zerstampfst du eine Nelke). Nun schüttest du beides durch einen deiner Ringe in den Kaffee deines Liebsten und rührst gut um. Denk dabei intensiv an euch beide und murmel eine pas-sende Beschwörung.

Natürlich musst du darauf achten, dass er seinen Kaffee auch brav mitsamt dem Bodensatz austrinkt — wie du dieses Kunststück allerdings hinkriegst, bleibt dir und deinem Einfallsreichtum überlassen!

Durch diesen Zauber, so erklärte die Bäuerin, bezaubert das Mädchen ihren Liebsten dermaßen, dass er wie von Sinnen ist, wenn er ihre Gegenwart entbehren muss. »So lieben sie einander, o mein Falke, bis an ihr Lebensende«.

Tja, mag es nach unserer herkömmlichen Vorstellung von »Turteltauben« auch einleuchten, dass für einen Liebes-zauber Taubenherzen verwendet werden, muss es eigentlich jeden befremden, wenn er hört, dass *Fledermäuse* in dieser Hinsicht ebenfalls äußerst beliebte Tiere waren. Wir wollen nicht näher darauf eingehen, was man alles mit ihnen an-stellte, aber erwähnt werden muss diese seltsame Tradition doch. Denn wer bringt ausgerechnet Fledermäuse mit Liebe in Zusammenhang? Aber es ist nun einmal so, dass diese merkwürdigen Wesen eine enge Verbindung zu Geistern un-

terhalten sollen und überhaupt rechte Zauberwesen sind. Und vielleicht rührt daher der Glaube, mit ihnen könne man zum erwünschten Ziel gelangen, auch wenn es dabei um zarte Gefühle geht, die doch so wenig zu den »unheimlichen« Fledermäusen zu passen scheinen.

Auch bei Spinnen liegt die gedankliche Verbindung zu Liebesdingen auf den ersten Blick nicht unbedingt nahe. Der Zusammenhang könnte aber teilweise daher rühren, dass Spinnen ein Netz bauen, um Tierchen darin zu fangen. Und da bei einem Liebeszauber schließlich auch jemand umgarnt werden soll, wird die Sache und damit auch der folgende im Prinzip sehr schlichte Zauber einsichtiger:

Die einzige Schwierigkeit dieses Zaubers besteht darin, Spinneneier aufzutreiben. Sie sind in kleinen Gespinstbündelchen verpackt oft irgendwo angeheftet. Du kannst also in einem Kellerraum oder einem wenig benutzten Zimmer, in dem es viele Spinnen gibt, auf die Suche gehen. Hast du eine von diesen »Eierpackungen« gefunden, verwahre sie in einer kleinen Schachtel so lange, bis du mit dem Objekt deiner Begierde zusammentriffst.

Geh unauffällig ganz dicht an ihn oder sie heran und schieb ihm die Spinneneier in eine seiner Taschen. Dazu murmel (mindestens dreimal) eine passende Beschwörung.

Zugegeben, ein wenig absonderlich ist dieser Liebeszauber schon und vermutlich auch nicht jedermanns Sache. Noch abstruser und uns jedenfalls nicht unbedingt naheliegend erscheint der früher im Wendland geübte Brauch, dem oder der Liebsten einen Fisch aufs Bett zu legen. Hat er (der Fisch)

noch sämtliche Gräten im Leib – aber nur dann, so heißt es –, wird man anschließend mit Sicherheit wiedergeliebt. Hmm. Wir würden zwar eigentlich meinen, dass ein toter kalter Fisch auf dem Kopfkissen eher anders geartete Gefühle bei der Angebeteten wecken dürfte, aber wir sind schließlich auch keine Wendländer!

Trotzdem kehren wir lieber zu den Krabbeltierchen zurück. Denn eines zumindest verdient es unbedingt, hier noch genannt zu werden, da es in Zaubern unterschiedlichster Art von großer Bedeutung ist: die Ameise. Auch sie leistet bei Liebeszaubern Hilfestellung, obgleich sie mehr für ihren Fleiß als für die Liebe zu ihren Artgenossen berühmt ist. Um präzise zu sein, geht es hier auch mehr um die *Gesamtheit* der Ameisen, um den ganzen Ameisenhaufen, als um das einzelne Insekt. All den unglücklich Liebenden, die in der Nähe von ameisenhaufenreichen Kiefernwäldern wohnen, sei also folgendes kurzes Rezept wärmstens empfohlen:

Schreib an einem »guten« Tag, bei Vollmond oder Neumond, den Namen der Person, die du bezaubern möchtest, mit roter Tinte auf einen Zettel. Nun geh schweigend zu einem Ameisenhaufen, den du dir zuvor ausgesucht hast. Am besten wählst du einen, der um einen Baum herum gebildet ist. Umrunde den Haufen siebenmal gegen den Uhrzeigersinn und schieb dann deinen Zettel möglichst tief hinein. Beiß die Zähne zusammen, wenn dich ein paar Ameisen zwicken, das gehört dazu! Denk dabei intensiv an deinen Geliebten und umrunde anschließend den Ameisenhaufen wiederum siebenmal, allerdings jetzt im Uhrzeigersinn. Geh ohne dich umzuschauen schweigend nach Hause.

Das siebenmalige Umrunden ist übrigens keine deutsche Erfindung, es ist vielmehr eine weltweit verbreitete Zaubervorschrift. Um noch einmal auf den Wiedehopf und den Islam zurückzukommen, so gibt es einen weiteren Liebeszauber, der nach Aussage zahlreicher durch Dittes Mutter befragter Marokkaner unfehlbar funktionieren soll. Der Verliebte kocht den Vogel so lange, bis er völlig zerfällt, und sucht sich anschließend unter den Knochen einen aus, der durch das Erhitzen rot geworden ist. Damit umrundet er das Mädchen, das er sich erwählt hat, siebenmal. Fertig.

Wer weiß, vielleicht sollte man diesen einfachen Zauber hierzulande einmal mit einem Hähnchenknochen ausprobieren. Nein, das ist nicht im Scherz gesagt, denn tatsächlich kannte man bei uns früher einen Liebeszauber, bei dem man der angeschmachteten Person lediglich dreimal drei oder sieben Federn von einem Hahnenschwanz in die Hand zu drücken brauchte. Die eigentliche Schwierigkeit hierbei ist lediglich, dem Mädel oder Mann einen plausiblen Grund für diese seltsame Handlungsweise aufzutischen.

Kleider machen Beute

Ein zwanzigjähriges dralles Dienstmädchen hatte sich dermaßen in den Einlogierer seiner Herrschaft, einen Architekten, verliebt, dass es glaubte, nicht ohne ihn leben zu können. Der Architekt verstand ihre schmachtenden Blicke und zarten Aufmerksamkeiten aber durchaus nicht, und so entschloss sich unsere Lüttmaid, ein Sympathiemittel, welches sie von einer klugen Freundin kennen gelernt hatte, anzuwenden. Sie schnitt aus dem Rock ihres Angebeteten, als dieser außerhalb des Hauses war, unter dem linken Ärmel ein Stückchen Zeug aus der Achselhöhle heraus und trug dieses Stückchen Zeug auf ihrem

jungfräulichen Busen. Dieses Mittel sollte nach der Überliefe-
rung ihrer Freundin unfehlbar den geliebten Mann ihr in Liebe
zuführen und unzertrennlich an sie ketten.

Um es kurz zu sagen, in diesem aus dem Jahr 1895 überlieferten Fall funktionierte die Sache nicht: Das leider keineswegs wiedergeliebte Dienstmädchen wurde von dem Architekten angezeigt und zu fünf Mark Geldstrafe oder einen Tag
Gefängnis verurteilt! Also Vorsicht, bevor man jemandem
aus seinem guten »Rock« ein Stück Stoff herausschneidet.
Warum der Zauber hier nicht wirkte, können wir natürlich
nicht wissen. Es lässt sich allerdings vermuten, dass das Mädel sich in seiner verzweifelten Verliebtheit nicht um irgendwelche Vorbereitungen wie jene scherte, die wir im zweiten
Kapitel besprochen haben. Und so haben wir dieses Zitat
einerseits zur Warnung an all diejenigen hier eingestreut, die
vielleicht immer noch meinen, es ginge auch ohne jegliche
Einstimmung in den Zauber.

Andererseits halten wir das Rezept als solches keineswegs für unbrauchbar. Im Gegenteil! Die Geschichte mit
dem stibitzten Kleidungsstück des/der Geliebten ist nämlich oft bezeugt und als Liebeszauber in den verschiedensten
Variationen durchaus zu empfehlen. Übrigens gibt es nicht
ohne Grund auf der ganzen Welt Märchen, die erzählen, wie
jemand Macht über eine Frau, meist eine Fee oder Nixe, erhält, indem er sich ihre Kleider aneignet!

Allerdings muss es sich dabei immer um etwas handeln,
das die betreffende Person nach Möglichkeit direkt auf der
Haut getragen hat und das danach nicht gewaschen wurde.
Am besten wären also etwa ein beim Joggen gut durch-
geschwitztes T-Shirt oder getragene Socken. Es ist natürlich
nicht eben einfach, so etwas so bekommen, sofern der

Bewunderte nicht ausgerechnet der große Bruder der besten Freundin ist. Aber wer liebt, ist auch erfindungsreich und wird sich schon eine Möglichkeit einfallen lassen.

Außerdem fällt es doch weit weniger auf – und ist für den »Geschädigten« weniger ein Grund, sich zu ärgern –, wenn plötzlich eine Socke fehlt (uns fehlen fast grundsätzlich sämtliche zweiten Socken!), als wenn aus dem Lieblingsjackett ein Stück herausgeschnitten ist, oder? Während man im ersteren Fall mit Sicherheit keinen Argwohn schöpft, fängt man im letzteren – wie obiger Architekt ja schließlich auch – vermutlich doch an, sich ein wenig zu wundern und nach dem Übeltäter zu fahnden.

Hier also für alle, die es ausprobieren möchten, das vollständige Rezept:

Leih dir auf Umwegen – und auf alle Fälle ohne dass es der Betreffende merkt – von deinem Liebsten ein Kleidungsstück aus, das seit dem letzten Tragen nicht mehr gewaschen worden ist. Bewahr es bis zum nächsten »guten« Tag, Freitag, Voll- oder Neumond auf. Schließ dich am Abend in deinem Zimmer ein, nachdem du gebadet hast; zünde eine Kerze an und, wenn du den Geruch magst, auch ein wenig Weihrauch. Nun stimm dich ganz und gar auf deinen Liebsten ein, murmel leise eine Beschwörung und umrunde dabei das Kleidungsstück siebenmal gegen den Uhrzeigersinn. Anschließend ziehst du selbiges an und schläfst darin – und zwar sieben Tage lang jede weitere Nacht. Anschließend gibst du das Ausgeliehene unbemerkt zurück.

Auch wenn der eine oder die andere es eklig finden mag, ist es tatsächlich so, dass hier im Wesentlichen der vom Kleidungsstück aufgesogene Schweiß die Rolle des Liebesstifters spielt, denn er gilt weltweit – ebenso wie das Blut – gewissermaßen als die Essenz des Menschen. Wir werden im »verbotenen Kapitel« noch einmal darauf zu sprechen kommen, und auch das durchgeschwitzte Hemd wird uns noch einmal begegnen.

Vielleicht wäre jetzt der Zeitpunkt, noch ein paar Worte über die Bedeutung des Fußes und damit auch des Schuhs und des Strumpfes zu verlieren. Dass Füße erotisch sind, ist unbestritten. Dass sie bei manchen Völkern regelrecht als Sitz der Lebenskraft angesehen werden, ist vermutlich weniger bekannt. Überall auf der Welt wird den Füßen in irgendeiner Weise Reverenz erwiesen, und nicht umsonst gibt es auch bei uns die Redewendung »jemandem etwas zu Füßen legen«. Die Fußabdrücke Buddhas gelten nicht nur als heilig, sondern als stellvertretend für ihn selbst. Und im heutigen Indien werden aus dem gleichen Grund an hohen Festtagen die Schuhe bestimmter Götter ausgestellt und von den Gläubigen verehrt. Füße sind demnach etwas ganz Besonderes, und daher ist alles, womit sie in Berührung kommen, für magische Zwecke hervorragend geeignet: der Erdboden, Strümpfe und Schuhe. Ein bekleideter, noch mehr aber ein nackter Fuß, der den Erdboden berührt, hinterlässt einen Abdruck, der, wie wir schon gesehen haben, zu Zaubereien benutzt werden kann – übrigens nicht nur zu guten! Daher rührt auch die Anordnung, an bestimmten Tagen, an denen Hexen und Geister ihr Unwesen treiben, wie etwa Johanni, *nicht* barfuß zu laufen!

Schuhe und Strümpfe fangen den Schweiß des Fußes auf und dienen ihm obendrein als Behausung. Kein Wunder also,

dass sie als höchst magisch gelten und bei den verschiedensten Zaubern eine entsprechend große Rolle spielen.

Denen, die eine Möglichkeit sehen, sich von ihrem Angebeteten unbemerkt ein Paar Schuhe auszuborgen, sei hier noch ein Rezept ans Herz gelegt, das aus Hessen überliefert ist. Wie wir sehen werden, eignet es sich für Männer nur bedingt …

Du brauchst für diesen Zauber also ein Paar Schuhe deines Herzensmannes. Warte einen »guten« Tag ab, steck sie in einen Beutel und geh mit ihnen, schweigend natürlich, zu einem Kreuzweg (such dir vorher einen geeigneten aus). Stell die Schuhe dort auf den Boden, umkreise sie gegen den Uhrzeigersinn siebenmal und murmel dabei deine Beschwörung.

Nun ziehst du deine eigenen Schuhe und Strümpfe aus und schlüpfst in die Schuhe deines Liebsten. Leg ein kleines Opfer auf die Mitte des Kreuzweges – es kann ein Geldstück, ein Ei oder auch etwas sein, das dir lieb und wert ist.

Geh nun in deinen neuen Schuhen, ohne dich umzudrehen, schweigend nach Hause (Du kannst hoffen, dass dein Schatz nicht gerade Schuhgröße 46 hat!). In den folgenden sieben Tagen läufst du so viel wie möglich barfuß damit herum, denn seine und deine »Essenz« sollen sich gut vermischen. Am achten Tag gibst du ihm seine Schuhe zurück – natürlich ohne dass er von deiner ganzen Aktion etwas merkt!

Verliebt und zugenäht

Wir halten es für nachvollziehbar, dass Kleidungsstücke, die der oder die Geliebte am Körper trug, bei einem Liebeszauber gute Dienste leisten, ohne dass sie für sich selbst unbedingt eine einsichtige Funktion haben – wie etwa die getragenen Socken.

Anders ist es mit bestimmten »Werkzeugen«, deren symbolische Bedeutung, auch wenn sie mit dem Objekt der Begierde nichts zu tun hat, jedem sofort einleuchtet. Was tut der kleine Liebesgott Amor? Richtig, er schießt einem einen Pfeil ins Herz, trifft einen ins Mark sozusagen, und wir sind hinfort oder jedenfalls ein Weilchen lang liebestoll.

Ersatz für diesen Pfeil ist beim Zauber die Nadel. Ihr Wert wurde früher ungemein hoch eingeschätzt, und von ihrer Wirkung bei Zaubereien aller Art war man felsenfest überzeugt. Ein Grund, nebenbei gesagt, dafür, dass man es sich zweimal überlegte, bevor man eine gefundene Nadel und gar eine solche, an der noch ein Faden hing, vom Boden aufhob.

Der folgende Zauber erinnert stark an Voodoo-Hexereien, bei denen Nadeln ebenfalls oft genug Verwendung finden.

Kauf bei deinem Metzger ein Schweineherz. Du kannst wahlweise aber auch ein Hammelherz nehmen. Zuvor gehst du an einem Freitag schweigend zu einer Quelle oder einem sauberen fließenden Gewässer und schöpfst gegen die Fließrichtung Wasser in ein Gefäß. Denk auf dem Hin- und Rückweg intensiv an deinen Geliebten.

Zu Hause angelangt sorgst du dafür, dass du eine Weile die Küche für dich hast oder am besten überhaupt allein bist. Hol drei, fünf oder sieben Stecknadeln mit roten Knöpfen aus deinem Nähkasten, konzentrier dich ganz fest auf den Zweck deiner Aktion und spick das Herz nun mit diesen Stecknadeln. Murmel bei jeder Nadel eine Beschwörung.

Derweilen bringst du das Quellwasser zum Kochen und legst, sobald es sprudelt, das Herz hinein. Um die Wirkung zu erhöhen, kannst du ein bisschen Rosmarin und Liebstock hinzufügen.

Wenn das Herz gar ist, hol es heraus und vergrab es schweigend an einem guten Ort (am besten unter einer Dachtraufe, auf einem Kreuzweg, unter einem alten Baum oder neben einer Quelle). Sieh dich nicht um, wenn du wieder heimgehst.

Ein weiteres Nadelrezept ist weniger blutig und daher auch für all diejenigen geeignet, die entweder Vegetarier sind oder noch zu Hause wohnen und nicht unbedingt verhindern können, dass die Mutter hereinplatzt und sich über ein mit rotköpfigen Nadeln gespicktes blubberndes Schweineherz wundert. Kurzum, nicht jeder hat mit Tierherzen was am Hut, und so folgt denn hier ein einfach auszuführender vollkommen sauberer Nadelzauber, der dennoch garantiert authentisch und jahrhundertelang erprobt ist.

Einzige Voraussetzung ist, dass man irgendwo im Haus ein kleines Eckchen findet – und zwar am allerbesten unter dem Dach –, wo zwei kleine Nadeln nebeneinander stecken dürfen, ohne gestört oder gar von einem böswilligen Menschen wieder auseinander gerissen zu werden.

Für diesen Zauber brauchst du zwei schöne Steck-nadeln mit rotem Kopf. Warte einen guten Tag ab und sorg dafür, dass du eine Weile ungestört bleibst. Faste nach Möglichkeit, bade und zünde Weihrauch in deinem Zimmer an. Verschließ dann, wenn es dämmert, die Tür und stell die beiden Stecknadeln aufrecht gegen die Wand. Dazu sagst du leise: »Die Dunkelheit dunkelt, der Himmel tönt, die Erde ächzt, der Dachstuhl knarrt. Weder dunkelt die Dunkelheit noch tönt der Himmel noch ächzt die Erde noch knarrt der Dachstuhl, sondern mein Liebster XY krächzt hinter dem Bach. Er soll zu mir kommen, zu mir, dem rosigen lieben Mädchen YZ.«

Nachdem du so gesprochen hast, nimmst du die Stecknadeln und steckst sie schweigend an die Stelle, die du dir zuvor ausgesucht hast. Anschließend musst du dir die Hände waschen und sie am Ofen oder, wenn du keinen hast, am Herd abwischen.

Wenn man zufällig kein rosiges liebes Mädchen, sondern bei-spielsweise ein bärtiger breitschultriger Mann ist, darf der letzte Satz der Beschwörung selbstverständlich entsprechend geändert werden. Man sollte sich bei derlei magischen Hand-lungen überhaupt ruhig anpreisen, dass sich die Balken bie-gen. Beim Liebeszauber stinkt Eigenlob nicht – im Gegenteil! In den Beschwörungen der Südslawinnen ist das Mädchen grundsätzlich zuallermindest rosig, schlank und hochge-wachsen. Es hört einen ja schließlich niemand (nur die Geis-ter – und die behalten's für sich), also nur Mut zum Protzen. Mäuse fängt man ja auch nicht mit Hasenkögeln, sondern mit Speck!

Ebenso klar wie die symbolische Bedeutung der Nadel ist

auch diejenige des Fadens. Sein Lebenszweck, wenn man so möchte, ist es, aneinander zu fügen, aneinander zu befestigen, was vorher getrennt gewesen war. Ob es sich dabei nun um zwei Stoffteile oder um zwei Menschen handelt, ist, das leuchtet doch wohl ein, vollkommen gleichgültig. Verbinden soll er und verbinden tut er.

Dabei ist es im Prinzip egal, um welche Art von Faden es sich handelt. Allerdings gibt es Materialien, die nach alter Ansicht die gewünschte Wirkung intensivieren. Fäden aus Wolle wurden früher grundsätzlich selbst gesponnen und es wäre natürlich kein schlechtes vorbereitendes Opfer, die Kunst des Spinnens eigens für den Zauber zu erlernen. Ansonsten könnte man auch auf das Knüpfen ausweichen, allerdings nicht mit Fäden aus Nylon oder sonst einer widernatürlichen Kunstfaser! Seide ist gut, Hanf ist gut, Leder ist gut und Wolle, wie schon gesagt, auch. Und rot muss der Faden natürlich sein, rot wie das Blut und die Liebe.

Das folgende Rezept stammt nicht nur aus Italien, sondern aus seinem alleritalienischsten Teil (hier protestiert Giovanni energisch!), nämlich aus Sizilien, und ist garantiert tausendfach erprobt.

In jedem Kurzwarenladen findest du Hanfgarn. Von ihm abgesehen benötigst du so viel roten und blauen Seidenfaden, dass du daraus bequem fünfundzwanzig längere Stücke bekommst.

Aus den insgesamt 26 Fäden, deren Länge du selbst bestimmen kannst, musst du nun an einem Freitagabend, Schlag sechs Uhr, einen einzigen Strick flechten, knüpfen oder zwirbeln – je nachdem, was dir am besten von der Hand geht.

> *Während du damit zugange bist, denk intensiv an*
> *den Mann (oder die Frau), die du dir wünschst, und*
> *murmel ständig vor dich hin: »Dieses ist Hanf von*
> *Christus und dient dazu, XY zu binden.«*
>
> *Ist die Schnur fertig, gehst du damit zur Messe. In*
> *dem Augenblick, in dem der Priester die Hostie hebt,*
> *machst du in dein Liebesband drei Knoten und*
> *knüpfst (wenn du sie dir irgendwie verschaffen konn-*
> *test) ein paar Haare der geliebten Person mit hinein.*
> *Dazu sprichst du ganz leise: »Ich bin nicht nur ge-*
> *kommen, um Christus zu loben, sondern auch, um*
> *XY festzubinden. Ich bind ihn und fessele ihn (oder*
> *sie) für die ganze Welt. Ich glaube und vertraue, XY*
> *werde mir zu Willen sein.«*

Ein anderes Zaubermittel, das ebenfalls im Voodoo eine große Rolle spielt, ist das Wachs. Ein Hauptgrund dafür dürfte in seiner Formbarkeit liegen, die es gestattet, Figürchen als Stellvertreter der zu bezaubernden Person (die ja oft nicht anwesend ist) möglichst naturgetreu anzufertigen. Hinzu kommt, dass »ordentliches« Wachs natürlich nur solches ist, das Bienen in mühsamer Heimarbeit aus sich »ausgeschwitzt« haben.

Da von den Bienen aber behauptet wird, dass sie mit den Geistern im Bunde stehen, ist die Substanz, die sie absondern, gewissermaßen mit übernatürlicher Macht durchtränkt und eignet sich entsprechend gut zum Zaubern. Wenn es also schon wiederholt hieß, zur Vorbereitung auf einen Liebeszauber sollte man sich zunächst einmal einstimmen und eine Kerze anzünden, dann war selbstverständlich stets eine aus Bienenwachs gemeint.

Mit dem Wachs nun lassen sich nicht nur üble Dinge an-

stellen, die wir hier geflissentlich übergehen, sondern auch gute, wie eben Liebeszauber, wovon es die verschiedensten Varianten gibt. In Arabien verfährt man beispielsweise so: Der Verliebte fertigt aus Bienenwachs zwei Figürchen – dem einen gibt er den Namen der Geliebten, dem anderen den eigenen Namen. Natürlich müssen die Figuren den jeweiligen Personen möglichst ähnlich sehen. Hat er (der Verliebte) also etwa einen Bierbauch, sollte auch die Figur einen haben. Und wenn das Mädchen, das er liebt, extrem lange Haare hat, muss auch das Püppchen lange Haare bekommen. Anschließend vergräbt der Verliebte die beiden nebeneinander an einer guten Stelle, und zwar so, dass die beiden Gesichter einander zugeneigt sind. Der letzte Punkt ist ganz besonders wichtig, denn wenn sie sich etwa den Rücken zukehrten, würden der Verliebte und seine Angebetete das künftig ebenso tun!

Am besten bei einem Imker, sonst in einem Bastelgeschäft kaufst du eine Platte Bienenwachs. Warte einen »guten« Tag ab, triff alle nötigen Vorbereitungen (baden, fasten usw.) und wärm dann das Wachs soweit an, dass du es gut formen kannst.

Nun knete und drücke daran herum, bis du deine(n) Liebste(n) so gut wie möglich nachgebildet hast. Sprich dabei leise entweder immer wieder seinen Namen oder eine Beschwörung. Die Figur sollte wenigstens ein für die reale Person charakteristisches Merkmal haben (ruhig ein wenig übertrieben): also beispielsweise eine lange Nase, dünnen Rumpf, lange Beine. Wenn du dir zuvor ein paar Haare von ihm oder ihr beschaffen konntest, umso besser. Dann drückst du sie in das Wachs am Kopf ein.

> *Du musst in der Brust der Figur aber ein Loch freilassen, denn da hinein steckst du nun ein winziges rotes Herz. Das kannst du vorher entweder gekauft haben (so etwas gibt es in jedem Geschenkeladen) oder du hast es irgendwie gebastelt. Dieses Herz stellt dich dar. Wenn du willst, kannst du ein kleines Zettelchen mit deinem Namen hinzufügen. Das Herz verschließt du nun gut in der wächsernen Brust, küsst die Figur dreimal und murmelst noch einmal deine Beschwörung. Anschließend vergräbst du das Püppchen an einer guten Stelle.*

Sehr ähnliche Liebeszauber mit Wachspüppchen sind übrigens schon aus dem alten Ägypten bekannt. Beispielsweise fand man auf einem Friedhof in einer Papyrusrolle verborgen ein aus Wachs geformtes eng umschlungenes Liebespaar. Es war mit einem Faden, in den 365 Knoten gebunden waren, an eine Bleitafel gefesselt, auf der ein Zauberspruch geschrieben stand. Und damit auch wirklich *nichts* schief gehen konnte, war die Brust der Frau obendrein mit 13 Nadeln durchstochen, damit sie, wie es auf der Tafel hieß, an den Zauberer denken möge. Auch hier begegnen uns also wieder Faden und Nadel!

Mehrere tausend Jahre später heißt es in einem schwäbischen Rezept, man solle das Wachsbildnis an drei aufeinander folgenden Sonntagen vor Sonnenaufgang in fließendem Wasser weihen. Zuvor aber müsse man der Puppe auf die Herzgegend die Formel $ff + b + O + 2 + d$ schreiben. Nach der Fluß- oder Quelltaufe ist die Puppe dann in möglichst heißem Feuer zu verbrennen. Je heißer die Flamme, desto heftiger die Liebe, die durch den Zauber erregt werden wird.

Liebe geht durch den Magen

Wenn wir nicht gerade auf Diät sind, stimmt uns gutes Essen heiter und wohlgelaunt. Es glättet die Sorgenfältchen und lässt wenigstens für ein Weilchen Probleme nicht mehr ganz so schlimm erscheinen. Kurz, es fällt schwer, den Urheber solcher Genüsse *nicht* zu mögen. Leider können nicht alle gute Köche oder Köchinnen sein und mit einer raffinierten *Cima alla genovese con ripieno di verdure* (was so viel bedeutet wie »Kalbsbrust auf Genueser Art mit Gemüsefüllung«, aber so noch viel leckerer klingt) das Herz des Erwählten im Sturm erobern.

Solche Kochmuffel brauchen allerdings nicht zu verzweifeln, denn wie eine alte weltbekannte Weisheit besagt, braucht man nur die richtigen Zutaten zu nehmen, und schon funktioniert die Sache auch ohne jeglichen italienischen oder französischen Firlefanz. Fast auf der ganzen Welt – jedenfalls wo immer es Getreide, Bienen und Kühe gibt – werden als wichtigste Ingredienzien für ein Zaubergericht an erster Stelle Mehl, Honig und Butter genannt. Daraus wird ein Teig geknetet – ob man daraus nun einen Kuchen, einen Brotfladen, Pfannkuchen oder ein Brötchen herstellt, ist zweitrangig.

Früher bettelten sich die Zauberinnen das Mehl bei sieben verschiedenen Mühlen zusammen oder sammelten die Reste, die am Mühlstein kleben geblieben waren. Da so etwas in unseren Breiten nicht mehr möglich ist, sollte man sich als Ersatz etwas anderes einfallen lassen. Beispielsweise könnte man sich auf sieben verschiedenen Feldern jeweils eine Handvoll Ähren holen und anschließend die Körner selbst in einer Kaffeemühle mahlen oder im Mörser zerstoßen.

Stadtbewohner ohne Auto sollten wenigstens zu einem Naturkostladen gehen und sich dort drei, fünf oder sieben verschiedene Körnerarten besorgen und sie zu Hause zu Mehl verarbeiten. Entsprechendes gilt für die Butter: Selber machen wäre am besten, sonst sollte sie aber wenigstens von einem Naturbauernhof stammen. Und den Honig besorgt man sich wenn möglich direkt beim Imker, wobei aber auch da unbedingt darauf zu achten ist, dass es sich um richtigen Blütenhonig handelt und nicht um irgendein Kunst-Zucker-Mus.

Diese drei Ingredienzien reichen eigentlich schon völlig aus, doch lassen sie sich, will man *wirklich* auf Nummer sicher gehen, noch (wie im folgenden altüberlieferten Rezept) um die eine oder andere Zutat ergänzen.

Für diesen Zauber brauchst du Wickensamen (falls du keine Geduld hast, sie dir selbst heranzuziehen – was sehr einfach ist und auf jedem Balkon funktioniert – kaufst du sie im Tütchen). Such dir daraus sieben der schwärzesten Samenkörner aus. Außerdem musst du dir sieben Sonnenblumenkerne und ein wenig Rainfarn besorgen (schau hierzu im Anhang).

Die Sonnenblumenkerne enthülst du und zerstampfst alles gut in einem Mörser. Dann verrührst du das Ergebnis mit dem Mehl, das du dir auf die beschriebene Weise besorgt hast, mit Honig und mit der Butter. An Flüssigkeit nimmst du für deinen Teig entweder Milch oder reines Quellwasser. Zum Vermengen benutzt du eine neue hölzerne Stricknadel oder, wenn du sie dir irgendwie beschaffen kannst, eine hölzerne Spindel.

Nun knetest du aus dem Ganzen einen Ring (wobei du natürlich intensiv an den Geliebten denkst), legst ihn in die Sonne und lässt ihn dort trocknen. Wenn du anschließend deinen Liebsten siehst, schaust du unauffällig kurz durch den Ring und murmelst dazu eine geeignete Beschwörung. Dann bietest du ihm ein Stückchen von deinem »Gebäck« an. Dir wird schon etwas einfallen, wie du ihn dazu bringst, davon zu essen.

Von diesem Rezept gibt es eine ganze Reihe von Variationen. Daher halten wir es auch für statthaft, selbst nach bestem Wissen und Gewissen ein wenig daran herumzuändern. Beispielsweise könnte man den Teigring, statt ihn lediglich zu trocknen, auch backen – oder dem Teig ein Ei und nach Wunsch auch ein paar besondere Gewürze wie Rosmarin oder Nelke hinzufügen.

Schon im Abschnitt über die Tiere verlangte ein Rezept, dass Kaffee durch einen Fingerring gegossen wird. Wesentlich bei dieser Kategorie von Liebeszaubern ist nämlich, dass in das Gericht oder Getränk, das wir dem, der uns lieben soll, zu essen oder zu trinken geben, zuvor etwas von unserer eigenen Person hineingebracht wird.

Im Fall des eben angeführten Rezeptes schaut das verliebte Mädchen immerhin durch den Teigring hindurch; doch gibt es noch eine weitere, wärmstens empfohlene Möglichkeit, den Zauber zu »personalisieren«. Da manch einer sie aber für *e-ke-lig* halten könnte, wird sie erst im nächsten, dem verbotenen Kapitel beschrieben. *Beschrieben*, wohlgemerkt – nicht etwa zum Nachahmen empfohlen! Diesbezüglich waschen wir also unsere Hände in Unschuld.

Bevor wir uns aber diesem interessanten und trotz sei-

ner Verbotenheit durchaus wesentlichen Kapitel zuwenden, möchten wir hier noch ein garantiert stubenreines Rezept aus dem 15. Jahrhundert vorstellen, das wirklich kinderleicht auszuführen ist. Voraussetzung ist lediglich, dass es sich bei dem Herzliebsten nicht ausgerechnet um einen Filmstar handelt, sondern um einen Menschen aus Fleisch und Blut. Und nicht nur das – sondern um jemanden, dem wir so nahe kommen können, dass er einen Liebestrank aus unseren Händen annimmt.

Die Pflanze, die wir für diesen Trank benötigen – den Baldrian –, kennen heutzutage viele nur noch als Tinktur. Wie wir sie leibhaftig und in natura finden können, steht im Anhang nachzulesen.

An einem der empfohlenen »guten Tage«, einem Freitag oder bei Vollmond musst du ein Stück Baldrianwurzel ausgraben. Schab sie mit einem Messer sauber und wasch sie, nach Möglichkeit in Quellwasser. Sprich dabei eine Beschwörung und denk intensiv an deinen Geliebten. Anschließend dörrst du die Wurzel – am besten an der Sonne, sonst im Ofen –, bis sie so trocken ist, dass du sie im Mörser zerreiben kannst. Misch das Pulver mit einigen ebenfalls getrockneten Dillspitzen.

Ist es dir möglich, deinen Liebsten zu dir nach Hause einzuladen, um so besser. Dann kaufst du eine Flasche Rotwein aus einem guten Jahrgang. Am besten gießt du deinem Besuch sein erstes Glas in der Küche voll und streust ein wenig (nicht zuviel!) von dem Zauberpulver hinein. Dann musst du mit ihm nach Möglichkeit ex trinken. Merkt er trotzdem etwas, entschuldigst du dich damit, dass etwas Kork

in die Flasche gebröselt sei. Hast du nicht die Möglichkeit, ihn einzuladen, nimmst du das Pulver dorthin mit, wo du ihn treffen kannst, und mischst es ihm unbemerkt in sein Getränk.

Das verbotene Kapitel

Alles, was wir bisher sagten, war sozusagen jugendfrei. Jedes einzelne vorgestellte Rezept könnte also gefahrlos an das schwarze Brett eines Mädchenpensionats alten Stils geheftet werden. Wir haben auch hoch und heilig gelobt, keine Rezepte in dieses Buch aufzunehmen, die *nicht* diesen strengen Kriterien von Sitte & Anstand genügen würden – oder einfacher und konkreter ausgedrückt: Wir haben versprochen, keine unappetitlichen und/oder unhygienischen Zauberhandlungen zur Nachahmung zu empfehlen. Wir halten natürlich unser Wort, und daher wird man in diesem Kapitel nur zwei (durch den Rahmen als solche erkennbare) Rezepte finden.

Nicht versprochen haben wir allerdings, von anderen Liebeszaubern zu *reden*. Und wenn wir das nun tun, dann sicher nicht, um unsere liebe Lektorin zu ärgern. Wir fügen zu ihrer Beruhigung hinzu, dass alles Folgende ausschließlich wissenschaftlichen Informationszwecken dient und *bloß*

109

nicht als Aufforderung zum Selbstversuch missverstanden werden darf. Wir haben dieses verbotene Kapitel aber zum einen deshalb geschrieben, weil es eine Unmenge »nicht sauberer« Liebeszauber gibt und wir meinen, dass es unrecht wäre, sie einfach mit Stillschweigen zu übergehen. Zum anderen zeigt gerade die Menge der Rezepte, dass den verwendeten Substanzen – in ganz Europa ebenso wie in Afrika und Asien – eine äußerst starke »Wirkmächtigkeit« zugeschrieben wurde.

Diese Substanzen sind sämtlich hochmagisch, ja Mythen auf der ganzen Welt erzählen, wie aus ihnen Götter und Dämonen entstanden. Sie sind das Persönlichste am Menschen und können daher, wenn sie in falsche Hände geraten, auch Gefahren für ihn bergen.

Nun sollten wir aber endlich verraten, um welche mysteriösen Substanzen es sich denn eigentlich handelt: um Blut, Schweiß, Speichel, Fingernägel und Haare. Ehrlich gesagt, finden wir eigentlich nicht, dass es sich dabei – bis vielleicht auf die Spucke – um unsaubere Dinge handelt. Mit Blut sollte man natürlich im Zeitalter von AIDS vorsichtig umgehen. Dass Schweiß schmutzig ist, wird uns allerdings in der Hauptsache von Deo-Firmen suggeriert, und gegen Haare ist wohl nicht viel einzuwenden. Schmutzige Fingernägel sind allerdings nicht sehr appetitlich, aber die nehmen wir hier ausdrücklich aus. Alle im Folgenden vorkommenden Nägel sind selbstverständlich frisch geschrubbt!

Blut, Schweiß und Tränen

Eigentlich stimmt diese Überschrift nicht ganz, denn Tränen kommen in Liebeszaubern unseres Wissens nicht vor. Aber schließlich gibt es eine (ehemals?) berühmte Gruppe na-

mens »Blood, Sweat and Tears«, und außerdem sind Tränen eine ebenso persönliche Substanz wie Blut und Schweiß. Und hübscher als »Spucke« klingen sie allemal.

Wenigstens aus den Büchern von Karl May wissen die meisten, wie der früher weit verbreitete Brauch des Blutsbrüderschaftschließens (den man heute tunlichst unterlassen sollte) funktionierte: Man schluckte etwas von dem Blut des anderen. Dies sollte bewirken, dass die Schicksale der beiden Beteiligten von da an unauflöslich miteinander verbunden sein würden. Nach genau diesem Prinzip funktionierten auch entsprechende Liebeszauber. Die Verliebte mischte ein wenig von ihrem Blut – und zwar wurde oft ausdrücklich das Menstrualblut dafür empfohlen – unter etwas, das sie dem Liebsten zu trinken oder zu essen gab. Zu diesem Punkt sagen wir nichts weiter, denn solange es kein Heilmittel gegen AIDS gibt, kann vor einem leichtsinnigen Austausch von Körperflüssigkeiten wirklich nicht eindringlich genug gewarnt werden. Etwas Anderes scheint es uns allerdings zu sein, wenn man das eigene Blut an sich selbst ausprobiert – wie in dem folgenden, von Zigeunern überlieferten Rezept beschrieben:

Du musst dir irgendwie von deinem (oder deiner) Liebsten ein paar Haare beschaffen und außerdem brauchst du einige Quittenkerne. Du wartest den nächsten Vollmond ab und zerkleinerst dann an diesem Abend die Haare und die Kerne, bis du eine Art Brei erhältst. Den würzt du dann mit drei Tropfen Blut aus deinem kleinen Finger.

Nun musst du dich überwinden und den Brei in den Mund nehmen, herzhaft kauen und dazu Folgendes sagen:

> *»Ich kaue dein Haar,*
> *Ich kaue mein Blut,*
> *Aus Haar und Blut*
> *Werde Liebe,*
> *Werde neues Leben*
> *Für uns!«*

Wir halten gerade dieses Rezept trotz (oder besser gesagt: gerade *wegen*) seiner Unappetitlichkeit für sehr authentisch und wirksam.

Ja, Blut spielte in Liebeszaubern lange Zeit eine so große Rolle, dass man mancherorts von einem Verliebten zu sagen pflegte, er habe »Blut gegessen«. Und in verschiedenen frühmittelalterlichen Bußbüchern wurde mit drei Jahren Buße belegt, wer einem anderen »um der Liebe wegen« Blut und Samen zu essen gebe. Aber, wie gesagt, damals gab es auch kein AIDS, und darum sollten sich heutige Verliebte auf das ungefährliche Quittenrezept beschränken.

Anders ist es mit dem Schweiß. Wir haben in einem früheren Kapitel schon davon gesprochen, dass bei manchen Zaubereien *getragene* Kleidungsstücke verwendet werden sollen. Der Schweiß bricht uns aus allen Poren, ist mithin etwas, das wir selbst produzieren, und ist also ebenso eng mit uns verbunden wie das Blut. Dass Schweiß per se *keine* eklige Substanz ist, wissen wir spätestens dann, wenn wir einen festen Freund oder eine Freundin haben und uns, zumal in Sommerzeiten, mit ihr oder ihm – na ja, vergnügen. Wer küsst da nicht mit Wonne die kleinen Tröpfchen von ihrer oder seiner Stirn? Und findet das überhaupt nicht schmutzig!

Wer uns hierin Recht gibt, wird sich vielleicht auch nicht bei der Vorstellung schütteln, dass verliebte Mädchen frühe-

rer Zeiten ein nach den Vorschriften, die wir im letzten Kapitel anführten, hergestelltes Brötchen oder Gebäck erst eine Weile unter dem Arm mit sich herumtrugen, bevor sie es dem Liebsten zu essen gaben. Ja, manche banden es sich sogar, damit die Sache auch wirklich funktionierte, eine Nacht lang höchst unbequemerweise auf einen besonders intimen Körperteil.

Diese Anweisung ist so allgemein und häufig in einschlägigen Büchern zu finden, dass man den Eindruck gewinnt, die mannbaren Burschen früherer Zeiten seien stets und ständig mit schweißgetränkten Butterhörnchen oder Semmeln gefüttert worden. Und *dass* diese Methode funktioniert, wird immer wieder bestätigt – ja sie funktioniert sogar »artgrenzüberschreitend«, wie der folgende aus dem Samland überlieferte und natürlich authentische Bericht zeigt:

Ein junger Bursche liebte einst ein Mädchen, sie aber wollte nichts von ihm wissen. Da nahm er einen Apfel, stach ein Loch hinein und ließ drei Schweißtropfen hineinfallen. Gelegentlich gab er dem Mädchen den Apfel. Sie aber schöpfte Verdacht, denn sie hatte gehört, dass auf solche Weise Böses angerichtet werden konnte, und aß darum nicht den Apfel aus Furcht, sie möchte in seine Gewalt geraten. Sie warf darum den Apfel den Schweinen vor, eines von denselben ergriff ihn und fraß ihn und von dem Tage an konnte der Bursche nimmer des Schweines loswerden, es fuhr auf ihn los, sobald es ihn entdeckte.

Eine ähnliche Technik kannte man im Wendland; so verriet eine alte Bäurin dem volkskundlich interessierten Schulmeister nordisch-bündig: »Wenn ein jung Deern ein jungen Mann gern an sick rantrecken will, denn dröppelt sei em poar Dröbben von Sweit unna Arm in Kawwitass. Datt helpt.«

Mit der Spucke ist es ganz ähnlich. Wir machen uns keine Gedanken mehr darüber, warum wir eigentlich »toi, toi, toi« sagen, was eine Ersatzhandlung für das dreimalige Ausspucken ist. Wir (oder jedenfalls manche von uns) spucken immer noch jemandem über die Schulter, uns in die Hände oder auch auf ein Geldstück, einen Würfel oder einen Jeton beim Roulette-Spiel. Warum wir das tun, wissen wir allerdings nicht mehr. Der eigentliche Grund war, dass die Spucke nach alter Vorstellung böse Geister abwehrt und gleichzeitig ein sehr persönliches Opfer an diese Wesen darstellt.

Unser Speichel ist damit in jeder Hinsicht unserem Schweiß und unserem Blut vergleichbar und ein ausgezeichnetes Zaubermittel. Darum also soll der Verliebte, der mit einem vierblättrigen Klee zaubert, zuerst daraufspucken, bevor er es der Liebsten irgendwohin schmuggelt.

Eine äußerst simple, ländlich derbe und oft erwähnte Methode, einen Liebeszauber buchstäblich an den Mann zu bringen, war die folgende: Das verliebte Mädchen wartete einen guten Zaubertag ab, wie etwa den Johannistag, wo zumeist entsprechende feuchtfröhliche Feste gefeiert wurden, auf denen man dem Liebsten nahe kommen konnte. Sie sah zu, dass sie neben ihm zu sitzen kam, ließ ihn dann beispielsweise von einer Freundin ablenken – und spuckte ihm rasch ins Bier. Natürlich sagte sie in Gedanken zuvor und währenddessen geeignete Zaubersprüche auf und bereitete sich auch sonst auf diesen wesentlichen Akt vor, damit er auch die gewünschte Wirkung hatte.

Der grundlegende Gedanke bei all diesen Zaubereien, sei es nun mit Blut, Schweiß oder Spucke, war, dass der Geliebte ein wenig vom Lebenssaft der Liebenden schluckte und in sich aufnahm, wo es sich mit seinem eigenen Innersten

Wesen vermischte. Damit wurde, wie bei der Blutsbrüderschaft, ein Band geknüpft, das nichts mehr lösen konnte.

Na ja, »nichts« stimmt natürlich nicht so ganz. Wenn der Bezauberte merkte, was mit ihm veranstaltet wurde, oder auch nur nachträglich davon erfuhr, und wollte sich (beispielsweise weil er schon verheiratet war) dagegen zur Wehr setzen, so konnte er einen Gegenzauber ausführen. Wie so etwas funktioniert, werden wir im letzten Kapitel beschreiben.

Bevor wir zu den weniger flüssigen Substanzen, Haaren und Fingernägeln, noch etwas sagen, wäre hier noch eine Körpersubstanz zu erwähnen, die allerdings *wirklich* nicht sauber ist! Wir nennen sie daher nicht einmal mit Namen, erwähnen nur einen Zauber, der indirekt mit ihr zu tun hat. Er war recht beliebt und kam in den verschiedensten Variationen vor. Am häufigsten begegnete er uns allerdings mit einer Muskatnuss – wobei es sich nur um eine *ganz* kleine gehandelt haben kann. Die Muskatnuss spielte früher allgemein in der Zauberei eine nicht unwesentliche Rolle. Sie galt (und gilt noch immer) als Aphrodisiakum und soll als Amulett getragen gegen Krankheiten schützen.

In einer Breslauer Handschrift aus dem siebzehnten Jahrhundert, ebenso aber auch in Berichten aus Mecklenburg und Franken wird erzählt, was man mit der Muskatnuss anstellt, wenn man mit ihr das Herz eines Menschen gewinnen will: Der schrecklich Verliebte suchte sich also eine – wie gesagt, besonders kleine – Muskatnuss aus und wartete einen guten Zaubertag ab. Dann fasste er sich ein Herz und verschluckte die Nuss: am Stück, so wie sie war. Jetzt wartete er ab, bis sie, nun ja, bis sie auf natürlichem Weg wieder zum Vorschein kam. Die nächste vorzunehmende Handlung überspringen wir und sehen unserem Verliebten erst wieder über

die Schulter, wie er die geborgene Muskatnuss gründlich ab-
schrubbt. War sie blitzsauber und hygienisch rein, trocknete
er sie ab und zerstieß sie gründlich. Dann lud er seine Auserwählte zum Essen ein …

Alles klar?

An den Haaren herbeigezogen

Wir haben schon zwei Rezepte vorgestellt, in denen
Haare eine Rolle spielten, aber jetzt sollten wir diesem
hochmagischen Zaubermittel doch noch einen eigenen Abschnitt widmen. Haare wachsen uns bekanntlich aus dem
Kopf, aus den Achseln sowie aus anderen Körperzonen. Sie
kommen, wie die Finger- und Fußnägel, aus uns hervor und
sind daher ein wesentlicher Teil von uns, auch wenn uns das
nicht mehr so recht bewusst ist. In vergangenen Jahrhunderten war das allerdings ganz anders.

Niemand, der noch seine fünf Sinne beisammen hatte,
hätte früher seine abgeschnittenen Fingernagelschnipsel
oder Haare irgendwo offen herumliegen lassen – oder sie gar
seinem bösen Nachbarn als kleines Angebinde verehrt. Mit
ihnen lassen sich nämlich die übelsten Zauber ausführen
(auf die wir hier natürlich *nicht* eingehen werden!). Aber
dass selbst noch unsere Eltern ein wenig von dieser Gefahr
wussten, zeigt die manchen von uns vielleicht noch geläu-
fige Warnung, abgeschnittene oder ausgekämmte Haare ja
nicht aus dem Fenster oder auf den Kompost zu werfen. Die
Vögel, so hieß es, bauen sich daraus ihr Nest und dann bekommt man Kopfschmerzen. Der eigentliche, ursprüngliche
Grund jedoch war die Furcht vor bösen Hexereien, sogenannten Schadzaubern – sicher nicht vor harmlosen Piep-
mätzen!

Glücklicherweise lassen sich mit (zuvor auf Hochglanz poliertern) Fingernägeln und (frisch gewaschenen!) Haaren aber auch nette und freundliche Zauber durchführen. Nur müssen diese Ingredienzien in der Regel irgendwie in den Magen der Person gelangen, die bezaubert werden soll. Zu diesem Zweck muss natürlich alles möglichst klein gehackt oder aber verbrannt und nur in Form von Asche eingesetzt werden – jedenfalls so, dass das »Opfer« nichts davon mitbekommt. Dass es nämlich sehr erotisierend wirkt, in seiner Kerbelsuppe plötzlich einen noch als solchen erkennbaren Zehennagelschnipsel zu finden, wagen wir zu bezweifeln.

Das Gute an den übrigens sehr weit verbreiteten Liebeszaubern mit Haaren ist, dass sie kinderleicht durchzuführen sind, weil sie im Wesentlichen darin bestehen, das buchstäbliche Haar in der Suppe an den Mann zu bringen. Oder eben an die Frau. Am besten dürfte es allerdings sein, das mit der Suppe nicht so wörtlich zu nehmen, sondern sich vielleicht lieber eines der weiter oben erwähnten Rezepte auszusuchen und sie durch ein paar fein gewiegte Haare zu ergänzen.

Wohlgemerkt: Wir würden *niemals* unseren lieben Leserinnen und Lesern empfehlen, etwas Derartiges zu tun! Aber wir können schließlich auch niemanden daran hindern, auf eigene Faust herumzuexperimentieren. Und wenn jemandem dabei – ganz zufällig natürlich – drei klein gemahlene Haare in das Brötchen geraten, das er liebevoll für seine Angebetete backt, können wir es auch nicht ungeschehen machen. Pfannekuchen eignen sich übrigens ganz besonders gut für solche Art von Liebeszaubern. Da lässt sich wunderbar alles unterbringen, was man dem Liebsten gern in den Magen schmuggeln würde. Arg verliebte Mädchen nahmen

die vom Rezept verlangten drei Haare übrigens nicht vom Kopf, sondern von einer intimeren Körpergegend. Das natürlich nur ganz nebenbei und nicht, dass wir etwa raten würden, es ihnen nachzutun!

Damit nun aber unsere schwer strapazierte Lektorin endlich aufatmen kann, gibt es auch noch ein paar Rezepte, die wunderbar sauber sind und daher also vorgestellt werden dürfen. Das folgende stammt aus Flandern und lässt sich nicht nur problemlos umsetzen, sondern ist auch leicht zu variieren.

Du brauchst lediglich ein Haar von deinem oder deiner Geliebten. Besser wären allerdings drei, fünf oder sieben. Hast du sie irgendwie erlangt, wartest du einen Zaubertag ab, wenigstens aber einen Freitag. Währenddessen schaust du dich in der näheren Umgebung nach einem schönen alten Baum um, am besten einem Nussbaum, einer Eiche oder auch einem Weißdorn. Sieh ihn dir gut an, ob irgendwo eine Stelle an ihm ist, wo du Haare so hineinstecken kannst, dass sie nicht wieder hinausfallen und mit der Rinde verwachsen können.

An dem betreffenden Tag bereitest du dich gut vor (lies das zweite Kapitel!) und gehst dann in der Mittagsstunde oder spätabends schweigend zu deinem Baum. Du umrundest ihn siebenmal gegen den Uhrzeigersinn und murmelst dabei ununterbrochen eine Beschwörung. Dann steckst du das Haar deines Liebsten, mit einem von deinen eigenen Haaren gut verzwirbelt, in den Spalt oder unter die Rinde des Baumes. Sind es mehrere Haare, brauchst du ebenso viele von dir!

 Du umrundest den Baum wieder siebenmal, diesmal aber im Uhrzeigersinn, und gehst, ohne dich umzudrehen, nach Hause.

Eine weitere Methode wird empfohlen, nach der du das Haar des Liebsten zusammen mit einem deiner eigenen Haare zwischen die zwei Hälften einer entzweigesägten Muskatnuss legst und das Ganze dann in eine geeignete Baumöffnung steckst, wobei du darauf achten musst, dass alles gut zusammenhält.

In der Mark Brandenburg kannten die Mädchen den Brauch, die beiden Haare irgendwo im Freien so zu befestigen (etwa unter einem Stein einzuklemmen), dass der Wind mit ihnen spielen konnte. Dann, so hieß es, sei die Liebe zwischen den beiden Personen, von denen die Haare stammten, garantiert.

Achtes Kapitel

Auf immer und ewig — der Sprung in die Ehe

Wir hätten dieses Kapitel auch überschreiben können mit: »Für Fortgeschrittene«. Es gilt nämlich für all diejenigen, die ihren Traummann oder ihre Traumfrau endlich gefunden und dessen oder deren Herz für sich gewonnen haben. Da aber nicht jeder dieses Kunststück mit durchgeschwitzten Brötchen zuwege gebracht haben dürfte (zumal das ja sowieso im verbotenen Kapitel stand und es also *bestimmt* keiner versucht haben wird!), haben wir von diesem Titel abgesehen.

Ganz zu Anfang des Buches sagten wir aber schon, dass nur Filme und Kitschromane da aufhören, wo im wirklichen Leben das Eigentliche erst anfängt: dort also, wo sich das glückliche Paar mit der wahrhaft nicht immer leichten Aufgabe konfrontiert sieht, den stressigen, gehetzten, poesiearmen Alltag gemeinsam zu bewältigen. Für die wenigsten Ehepaare dürfte auf Dauer gelten, was Wilhelm Busch über die Zeit nach der Heirat schrieb:

Auf immer und ewig

Dann wird's aber auch gemütlich,
Täglich, stündlich und minütlich
Darf man nun vereint zu zween
Arm in Arm spazierengehn.

Vielleicht ist das tatsächlich ein Weilchen so. Dann aber kommt entweder der Winter oder das erste Kind – und der eine bringt Kälte und das andere Gebrüll und volle Windeln mit sich. Und zwischen Schneekehren und durchwachten Nächten muss die gegenseitige Liebe irgendwie bewahrt werden, darf man den magischen Sand im Staub der Realitäten (um noch einmal Marcel Proust zu zitieren) nicht ganz aus den Augen verlieren.

Die vielen Ehescheidungen zeigen, wie ernüchternd es auf die Dauer wirkt, wenn man auf einmal nicht mehr nur – oder vielleicht überhaupt kaum noch – die Schokoladenseite unseres Liebsten zu Gesicht oder zu schmecken bekommt und stattdessen seine schon stark vereiste Nordseite. Oder wenn *die* Liebste sich nur noch für das Baby und dessen Wünsche und Bedürfnisse interessiert, fast ausschließlich in Lockenwicklern herumläuft und zweisamen Candlelight-Dinners nichts mehr abgewinnen kann.

Kurz: Es gibt eine Menge Möglichkeiten, die ewige große Liebe um die Ecke zu bringen! Doch gibt es auch eine Reihe von Tipps und Tricks, wie man sie von Anfang an und für immer und ewig garantieren kann. So wenigstens steht es in den Büchern und wussten es unsere Ahnen – also wird es wohl stimmen. Und schaden kann es schließlich nicht, sie einmal auszuprobieren. Vielleicht gelingt es ja damit tatsächlich, sich geschickt um die schmutzigen Windeln, die Lockenwickler und die vereisten Nordseiten herumzuschmuggeln und die gegenseitige Zuneigung am Leben zu erhalten.

Auf immer und ewig

Anzufangen wäre also direkt an der Wurzel der Ehe, dem Tag, an dem wir heiraten. Die Hochzeit ist im Allgemeinen einer der schönsten Momente in unserem Leben, sie wird aber auch von den verschiedensten Gefahren umlauert. Auf Schritt und Tritt können wir in unsichtbare Fettnäpfchen stolpern, was später die übelsten Auswirkungen auf die Ehe haben kann. Es ist hier nicht der Platz, alle Patzer aufzulisten, die wir an diesem großen Tag machen können – von denjenigen, die andere und das Wetter sich leisten, mal ganz abgesehen –, und das ist vielleicht auch ganz gut so. Manch einer würde sich sonst vielleicht überhaupt nicht mehr trauen, vor den Traualtar zu treten!

Einige grundsätzliche Ratschläge, wie sie in abgewandelter Form etwa im weniger nüchternen Orient vielfach noch heute beachtet werden, können aber nicht schaden. Zunächst einmal ist es gut, bei zunehmendem Mond oder aber bei Vollmond zu heiraten, weil dann Liebe und Ehe gedeihen und zunehmen oder aber rund und voll sein werden wie der Mond am Tag der Hochzeit. In der Mark Brandenburg sagte die Mutter ihrer Tochter außerdem, sie müsse sich das Brautkleid von ihrem Bräutigam zuknöpfen lassen. Dann könne sie sicher davon ausgehen, dass er ihr treu bleiben werde. Ach ja, und die Strümpfe müsse sie sich auch von ihm anziehen lassen, dann nämlich würde die Ehe bestimmt glücklich.

Aber nicht nur in der Mark Brandenburg, sondern in ganz Deutschland und darüber hinaus war es üblich, dass Braut oder Bräutigam sich, bevor sie vor den Altar oder den Standesbeamten traten, alles Mögliche in die Brautschuhe stopften – und zwar je nachdem, was sie sich für ihre Ehe wünschten.

Will man einfach rundum glücklich sein, legt man sich ein Geldstück und ein wenig Salz in den linken Schuh.

Willst du derjenige sein, der hinterher in der Ehe das Sagen hat, solltest du vor der Hochzeit ein wenig Pimpernelle pflücken und frische Dillspitzen trocknen. (Beides solltest du vorher unbedingt aus Samen selbst im Garten oder in einem Blumentopf heranziehen). Außerdem brauchst du Salz. Vermisch alles gut miteinander und streu an deinem Hochzeitstag ein wenig davon in deinen linken Schuh.

Während der Trauung hältst du unauffällig den Fuß über den deines Partners und murmelst dazu leise: »Ich trete auf Pimpernelle, Salz und Dill, wenn ich rede, schweigst du still.« Aber pass auf, dass du darüber das »Ja«-sagen nicht verschwitzt!

Für den Brautkranz sollte neben der Myrte übrigens der Rosmarin (der uns in diesem Buch ja schon wiederholt begegnet ist) gewählt werden, damit die Liebe immer so grün bleibt wie diese Pflanze.

Wer glücklich ist, hat Neider, und gerade bei größeren Hochzeiten sind immer ein paar Gäste dabei, die man vielleicht besser nicht eingeladen hätte. Die beste Freundin, die es ebenfalls auf den gut aussehenden Bräutigam abgesehen hatte und nun in ihrem Selbstvertrauen schwer erschüttert ist; die verbitterte, weil seit vierzig Jahren mannlose Kusine; die Schwiegermutter, deren einziger Sohn doch *wirklich* eine Bessere hätte bekommen können …

Gegen deren latent im Raum hängenden oder bewusst ausgestrahlten negativen Einfluss schützte sich die Braut vergangener Tage beispielsweise dadurch, dass sie keinen einzigen Knoten an ihrem Brautkleid duldete. Weiterhin heißt es, dass sie bei der Hochzeit unbedingt etwas Blaues oder Rotes tragen sollte – eine Korallenkette, ein blaues Band am Hut,

einen Saphirring … Diese Farben und Dinge halten nach altem Glauben alles Unheil von ihr ab, indem sie den bösen Blick solch übel empfindender Personen wie Blitzableiter auf sich ablenken.

Weiterhin sei, immer noch im Hinblick auf neidische Anwesende, ein Rat gegeben, der ohne Erklärung ein wenig merkwürdig anmuten könnte: Braut oder Bräutigam sollte nämlich ein kleines gut verriegeltes Schloss bei sich tragen.

Über ein solches Mitbringsel bei der Trauung wunderte sich auch ein Pastor, der im Jahre 1702 ein Paar in den Bund der Ehe führte. Aufgefallen war ihm das Schloss allerdings nur deshalb, weil die Braut es aus Versehen fallen ließ. Er erkundigte sich danach, was es mit dem Schloss auf sich habe, und verfasste anschließend darüber einen Bericht. Wie man ihm erklärte, diente es dazu, jegliche Zaubereien unwirksam zu machen, mit denen böswillige Hochzeitsgäste versuchen könnten, die Ehe unglücklich oder kinderlos werden zu lassen.

Denn das bringe man beispielsweise ganz leicht dadurch zuwege, dass man bei der Trauung ein offenes Schloss zuschließe und hinterher irgendwo vergrabe oder ins Wasser werfe. Um einer solchen bösen Handlung vorzubeugen und sie wirkungslos zu machen, benötige das Brautpaar seinerseits ein Schloss. Soweit die Erklärung. Wir denken, schaden kann es nicht, und es braucht ja schließlich nur ein ganz kleines zu sein!

Das Brautpaar darf übrigens auch niemanden während der Trauung und in den entscheidenden Momenten zwischen sich treten lassen, denn sonst wird auch während ihrer Ehe etwas Entsprechendes geschehen.

Schließlich wird der Braut nahe gelegt, die Kirche mit dem rechten Fuß zuerst zu betreten, weil damit ebenfalls das Glück in der Ehe als gesichert gilt.

Was die Treue angeht, so kannten die serbischen und ungarischen Zigeunerinnen ein ganz und gar unfehlbares Mittel:

Am Abend deiner Hochzeit, wenn du dich mit deinem frisch angetrauten Mann in euer Schlafzimmer zurückziehst, halte eine Nadel griffbereit und warte eine gute Gelegenheit ab. Er könnte beispielsweise auf dem Bettrand sitzen und seine Socken ausziehen. Dann schleich dich hinter ihn, stich dir mit der Nadel in einen Finger deiner linken Hand und lass einen Tropfen Blut auf seinen Kopf fallen. Anschließend zerwuschelst du ihm liebevoll sein Haar – und fertig ist die Treue!

Das sind doch nun schon etliche Tipps, wie man/frau ohne große Schwierigkeiten im Vorhinein dafür sorgen kann, dass die große Liebe auch nach der Hochzeit erhalten bleibt, oder? Eine letzte Maßnahme kann die frisch gebackene Ehefrau aber sicher noch beherzigen. Wir kennen sie aus vielen Nixenmärchen, also muss sie ja wirken: Das von den Anstrengungen der Hochzeit gut durchgeschwitzte Hemd oder Unterhemd ihres Mannes soll sie ihm fortnehmen und so, wie es ist, an einem sicheren Ort aufbewahren. Damit garantiert sie sich die Treue ihres Ehemannes und fortwährendes Glück.

Aber nicht, dass jemand nun denkt: Jetzt hab ich alles getan, was zu tun war, also kann ich die Pantoffeln und die Chipstüte hervorholen und mir ungeniert in der Nase popeln. Denn nun liebt sie mich ja auf immer und ewig! Das sollte man tunlichst vergessen. Wer sich ein Haus gekauft hat, sorgt schließlich, wenn er gescheit ist, auch dafür, dass

es in einem guten Zustand bleibt. Und das, obgleich er gegen alle möglichen Fährnisse versichert ist. Also, Jungs oder Mädels: Tut was für eure Liebe und lasst Alltag, Freunde, Babys und Fernseher nicht auf Dauer zwischen euch geraten! Und wenn es mal wieder zu lange her ist, dass ihr, so wie früher, beide mit euch allein wart, dann sorgt schleunigst dafür, dass ihr einen Abend nur miteinander verbringt und dabei nicht über die schlechten Noten der Kinder oder die Abzahlung der Hypothek sprecht.

Und ist es nötig, mal wieder ein wenig Pep in die Sache zu bringen, ein wenig magischen Sand ins Getriebe der Liebe zu streuen, damit es richtig schön knirscht und nicht allzu unbemerkt läuft, hier ein Liebestrank-Rezept, das bei einem gemeinsamen Abendessen ausprobiert werden sollte:

Geh in eine Weinhandlung und kauf eine Flasche Rotwein, der drei, fünf oder sieben Jahre alt sein sollte. Warte einen guten Zeitpunkt für euer gemeinsames Essen ab, einen Freitag, Neu- oder Vollmond. Zerstoße zwei Rosmarinspitzen, ein wenig Beifuß, ein klein wenig Rinde von einem Haselnussstrauch und sieben Apfelkerne – wobei alle Zutaten gut getrocknet sein müssen – in einem Mörser zu Pulver. Gib die Mixtur in eine Karaffe und gieß den Wein darauf. Vermisch alles gut mit einem Haselstöckchen. Denk dabei an deine Ehe und wünsch dir intensiv, dass ihr immer miteinander glücklich sein mögt. Trinkt den Wein gemeinsam aus.

Neuntes Kapitel

Wenn's nich so geiht, as sie wol will (oder er)

Willst du unbedingt schwanger werden, lass dir
von deinem Liebsten an einem guten Tag und un
einem guten Platz ein Feuer anzünden. Wenn ihr
einen Kamin habt, umso besser, sonst sucht euch im
Freien einen der erlaubten Grillplätze dafür aus.
Das Feuer sollte unter anderem mit ein paar Bir-
kenscheiten entfacht werden und schön lodernd
brennen. Am Tag zuvor hast du dir an einer Quelle
Wasser besorgt und dort ein kleines Opfer in
Form zweier Nüsse und eines roten Apfels hinter-
lassen.

Wenn das Feuer gut brennt, nimmt dein Mann
zwei glühende Äste und schlägt sie so aneinander,
dass einige Funken davon in eine kleine Schüssel
fallen, die du mit dem Wasser gefüllt hast. Trink nun
das Wasser aus, indem du dich fest auf deinen Kin-

derwunsch konzentrierst. Das Weitere überlässt du deinem Mann ...

Jeder stellt sich vermutlich irgendwann in seinem Leben die Frage, wie und woran man denn eigentlich erkennt, ob man jemanden wirklich und wahrhaftig liebt. Wir haben uns in unserer nicht wenig turbulenten Jugend natürlich auch zu verschiedenen Gelegenheiten mit dieser Frage beschäftigt und sind im Laufe der Zeit zu einer für uns eigentlich recht zufriedenstellenden Antwort gelangt:

Wirkliche Liebe ist zum einen etwas, das nicht von Anfang an da sein kann. Es gibt unserer Ansicht nach also keine Liebe auf den ersten Blick; wir verlieben uns lediglich in ein Bild, das wir aus irgendeinem Grund mit einem uns ansonsten völlig unbekannten Menschen verbinden. Hier werden bestimmt einige energisch protestieren, aber wir wollen diese Ansicht durch ein einfaches Beispiel veranschaulichen. Wir treffen plötzlich einen gut aussehenden blonden Mann, der obendrein haargenau so umwerfend lächelt wie Robert Redford, und schon verbinden wir mit ihm, ohne ihn zu kennen, Verlässlichkeit, Durchsetzungskraft, einen aufrechten Charakter. Wir haben also den Mann fürs Leben entdeckt, der uns auf Händen trägt und obendrein eine Menge Kohle verdient.

Ob dieses Bild aber der Wahrheit entspricht, können wir in diesem Augenblick überhaupt nicht wissen. Erst nach und nach werden wir also vielleicht herausfinden: Herrje, er ist *wirklich* ganz genau wie Robert Redford – und können uns auf die Schulter klopfen und ihn von Herzen lieben. Weit öfter ist es allerdings so, dass der Schein trog und wir es mit einem miesen windigen Typen zu haben, der auf das Erbe seiner Mutter wartet, laut zu pupsen pflegt und jedem Weiberrock hinterherpfeift.

Vorsicht also mit der Liebe auf den ersten Blick! Wir meinen, dass sich Liebe durch drei wesentliche Faktoren bestimmen lässt: erstens den Körper, zweitens den Geist und drittens die Seele. Wenn wir in allen drei Punkten mit einem anderen Menschen wirklich harmonieren, wenn wir in allen drei Punkten sagen können: Da passen wir mehr oder weniger genau zusammen, dann können wir wohl von Liebe sprechen.

Aber, wie gesagt, ob wir tatsächlich mit einem anderen Menschen in Seele, Körper und Geist harmonieren, können wir erst nach einer längeren Zeitspanne wissen. In sehr vielen Fällen stimmen zwei dieser Faktoren überein, und bei dem dritten Punkt arrangiert man sich, so gut es eben geht. Oder aber, und das ist der Idealfall, man nähert sie auch im dritten Punkt einander so an, dass auch dort irgendwann Übereinstimmung herrscht. Wenn also er beispielsweise anfangs ausschließlich und mit Leidenschaft Comics las, sie aber nur hohe Literatur, könnte sie etwa zur Einführung *Asterix* lesen und er *Krieg und Frieden*. Nein, das war nur ein Scherz. Sie würde schon das richtige Einstiegsbuch für ihn finden, guten Willen auf beiden Seiten natürlich vorausgesetzt. Und wer weiß – irgendwann steht sie vielleicht voll auf Werner und er amüsiert sich über Dostojewskis Idioten …

Passt man dagegen nur in einer Hinsicht zusammen, sagen wir nur in Bezug auf die körperliche Liebe, merkt man selbst recht bald, dass irgend etwas fehlt. Man hängt vielleicht trotzdem fürchterlich aneinander, weiß aber im Grunde seines Herzens, dass diese Beziehung nicht von Dauer sein wird. Und man weiß außerdem, dass man viel zu viele Kompromisse eingeht.

Kurz: Wenn man diese drei Punkte im Hinterkopf behält,

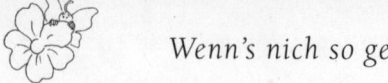

wird man selbst recht bald merken, ob das neue Herzblätt-
chen wirklich die große Liebe ist!

Der aufmerksame Leser kratzt sich jetzt vielleicht den Kopf
und möchte gern wissen, warum zum Teufel die Bandinis
diese hochphilosophische Frage ausgerechnet zu Anfang dieses Kapitels erörtern mussten. Ganz einfach. Hier geht es um
Probleme, die eine Beziehung ganz schön belasten können.
Und nicht viele Ehen scheitern gar daran – an dem einen
oder dem anderen –, und zwar dann, wenn man sich eben
nicht genug liebt. Was ist nun das eine und was das andere?
Das eine ist, wenn Er Probleme damit hat, das zu tun, was
man nachts im Bett halt so tut. Und das andere ist, wenn dabei bei ihr nichts herauskommt. Oder so. Wenn sie also
anschließend nicht schwanger wird, wenn er es geschafft hat,
das zu tun, was man nachts im Bett halt so tut. Alles klar?

Jetzt sind wir bei dem angelangt, was wir mit unserer
tiefschürfenden Einleitung eigentlich nur hatten sagen wollen: Wirkliche Liebe macht daraus keinen Elefanten! Sie ist
so schlau zu wissen, dass oft genug rein psychische Faktoren
dabei zugange sind, und dass die Mücke, ignoriert man sie
einfach, irgendwann ihrer Wege zieht und andere plagt. Oder
eingeht oder platt gequetscht wird.

Es ist eine alte östliche Weisheit, dass man nie etwas unbedingt wollen oder sich krampfhaft darum bemühen sollte.
Man sollte immer eine gewisse innere Distanz zu seinen
Wünschen wahren – als ob es letztlich überhaupt keine
Rolle spielte, ob man das jeweilige Ziel auch erreicht. Wie
viel Richtiges in dieser Empfehlung steckt, können jede
Menge Ehepaare bezeugen, darunter auch Freunde von uns,
die sich jahrelang nach der Fruchtbarkeitskurve liebten und
doch nichts kleines Plärrendes zustande brachten. In dem

Moment, wo sie es endlich aufgaben, sich mit ihrer Kinderlosigkeit abfanden, sich nicht mehr verkrampft nach Plan liebten und stattdessen in Urlaub fuhren – da funkte es. Nun haben unsere Freunde sogar *zwei* Knirpse.

Also keine Panik und nicht auf Biegen und Brechen Kinder haben *wollen*! Dann kommen sie nämlich meist wie von selbst. Wer es nun aber – östliche Weisheiten hin oder her – trotzdem eilig hat, der kann es ja zum einen mit dem Rezept probieren, das wir ganz zu Anfang dieses Kapitels vorgestellt haben. Es stammt aus dem Balkan und war unter den Südslawen sehr bekannt. Aber auch das folgende Mittel wurde oft und, wie es heißt, mit gutem Erfolg erprobt:

Such dir einen Bauernhof in deiner Nähe aus, auf dem Kühe gehalten werden. Vergewissere dich telefonisch, dass es dort eine Kuh gibt, die eben zum ersten Mal Milch gibt. (Du wirst unter Umständen also mehrere anrufen müssen.) Falls sich der Bauer über deine Frage wundert, lass dir eine hübsche Ausrede einfallen (»Seit ich klein war, wollte ich un-be-dingt ...«).

Warte einen guten Tag ab und fahr dann zu diesem Bauernhof. Lass dir von der Kuh frische Milch abzapfen und nimm sie mit nach Hause. Am Abend wärmst du die Milch auf dem Herd auf, rührst ein wenig guten Blütenhonig und ein bisschen Beifuß hinein und murmelst dabei eine Beschwörung, die deinem Wunsch nach einem Kind entspricht. Dann trinkst du die Milch in langsamen Schlucken, während du dir dein kleines Kind vorstellst.

Ja, und dann ist dein Mann an der Reihe, seinen Teil zu dem Zauber beizutragen.

Eine ganze Reihe weiterer Schwangerschaftstränke sind überliefert, doch enthalten nicht wenige von ihnen Substanzen, die nur Frauen mit starken Mägen und noch stärkerem Wunsch nach Kindern freiwillig geschluckt haben dürften. Die harmlosesten sind noch zerriebene Genitalien von einem Hasen, Galle von einem Hund und der Wurm, den man bei einer Haselstaude findet. Die Sache mit dem Wurm klingt zwar ziemlich abwegig, ist sie aber gar nicht. Früher glaubte man nämlich – nein, *wusste* man – allgemein, dass in Haselsträuchern Feen wohnen, die einem, stimmt man sie durch Opfer und ehrerbietiges Verhalten freundlich, bestimmte Wünsche erfüllen. Opferte also eine Frau einem besonderen Haselstrauch etwas Milch oder ein Ei, konnte sie ihn um ein Kind bitten. Fand sie im Anschluss daran im Strauch einen Wurm, deutete sie ihn als die Antwort der Baumfee … und aß ihn auf!

Den gleichen Glauben an eine gütige Baumfee machte man sich aber auch auf weniger unappetitliche Weise zunutze, und da es sich überhaupt um ein sauberes und leicht durchführbares Rezept handelt, können wir es guten Herzens zum Nachahmen empfehlen.

Du benötigst für diesen Zauber ein neues, noch ungetragenes Hemd. Es muss unbedingt aus einem guten, natürlichen Material sein, am besten aus Leinen oder aus reiner Wolle. Heb es auf bis zu einem günstigen Zeitpunkt – am allerbesten dem Georgstag (23. April). Am Vorabend des betreffenden Tages gehst du schweigend zu einem Baum, von dem du sicher weißt, dass er fruchtbar ist. Am besten wäre ein Apfelbaum oder ein Birnbaum. Mit ausschließlich auf das ersehnte Kind gerichteten Gedanken

legst du das neue Hemd ausgebreitet auf die Zweige des Baumes, so, dass es über Nacht nicht herunterfallen kann.

Lass dem Baum ein Opfer da – einen Pfannkuchen, Milch oder weißes Brot. Auch ein wenig Bier könntest du ihm geben. Am nächsten Morgen schaust du nach, ob irgendein kleines Lebewesen auf deinem Hemd herumkrabbelt, es reicht schon eine kleine Raupe, eine Fliege oder eine Spinne. Du ziehst nun das Hemd an und trägst es, wenn du das nächste Mal mit deinem Mann schläfst.

Um schließlich noch einmal auf den Haselstrauch zurückzukommen, so können wir an Paare, die sich unbedingt Kinder wünschen, einen ebenso altüberlieferten wie leicht zu befolgenden Tipp weitergeben: Er besteht lediglich darin, einen Zweig von einem solchen Strauch über dem Bett aufzuhängen.

Allerdings muss auch hierbei unbedingt ein guter Tag abgewartet werden. Man sollte sich dem Strauch außerdem ehrerbietig nähern, ihm ein Opfer bringen und ihn ausdrücklich um einen Zweig bitten. Wer das als albern empfindet, möge sich bewusst machen, dass nicht der Zweig selbst die Schwangerschaft bewirkt. Der Zweig ist, so wussten es unsere Ahnen, vielmehr die »Leihgabe« oder das Geschenk eines Wesens, das den Baum bewohnt und nun seine segnende Hand über das Bett derjenigen hält, die sich ein Kind wünscht.

Was aber, wenn die Haselstrauchfee durchaus bereit wäre, ihren Teil zum Bevölkerungswachstum beizutragen, wenn das Bett frisch bezogen ist und der weibliche Teil des Paares erwartungsvoll darin liegt – und nun der Mann nicht kann, wie er will? Oder aber nicht will, wie er könnte?

Auch hier gilt als erste Regel: Nur nicht in Panik geraten! Es würde niemandem nützen und erst recht nichts besser machen. Also cool bleiben, sich ein Buch schnappen, ein Glas Wein trinken und sich sagen: Morgen ist auch noch ein Tag. Oder übermorgen. Und was ist schon groß passiert! Nichts ist passiert, das ist alles. Solche Ereignisse, wie überhaupt die meisten unserer Probleme, sollte man an der Ewigkeit messen: Einmal nachts in den Himmel schauen, und schon werden wir selbst samt unseren Sorgen verschwindend winzig.

Nichtsdestotrotz kann es ja nicht schaden, unser Ameisendasein, so gering es angesichts des Universums auch sein mag, ein wenig nach unseren Wünschen zu beeinflussen. Wenn wir im Hinterkopf behalten, dass es eigentlich ja gar keine Rolle spielt, ob wir etwas bewirken oder nicht, werden wir viel entspannter an alles herangehen, was wir uns vornehmen. Um auf unseren konkreten Fall zurückzukommen, wird sich dieses Gefühl der Entspanntheit sicher auch auf den armen Mann übertragen, der sich vielleicht jetzt als Waschlappen fühlt, in seiner Männlichkeit getroffen und verunsichert ist.

Seine Partnerin sollte also erst einmal ein paar Tage verstreichen lassen, und dann könnte sie es mit einem aphrodisischen Essen probieren. Wir empfehlen dazu Entenbrust und als Gemüse Fenchel. Eine gute Wirkung wird auch Fisch, Krabben und Schnecken nachgesagt. Zum Würzen sollten Koriander, Petersilie und Pfeffer verwendet werden. Alte Rezepte heben immer wieder die enorme Wirkung von Hahnenhoden hervor. Einem selbstredend völlig authentischen Bericht aus dem sechzehnten Jahrhundert zufolge ließ eine adlige Dame ihrem Gatten ein Gericht aus Hahnenhoden zubereiten, das mit Honig und Pfeffer und einigen weiteren Zutaten gewürzt worden war:

Und als er heftig zugesprochen, bekam er in derselbigen Nacht so heftige Begier nach den ehelichen Werken, dass die Frau des Handels satt wurde und entfloh. Er ihr nach, kommt aber in eine Kammer mit vier Viehmägden und treibt darinnen dergleichen Kurzweil, bis auch sie des Handels müde geworden.

So weit braucht die Wirkung eines aphrodisischen Gerichts zwar nicht unbedingt zu gehen, aber schließlich steht auch nicht jeder auf Hahnenhoden. Daher schlagen wir als Abschluss eines köstlichen Essens, oder auch für sich allein, folgendes Getränk vor:

Du stellst an einem guten Tag eine Flasche Rotwein bereit und zerstößt in einem Mörser drei Gewürznelken, ein wenig Ingwer, sieben oder neun Fenchelsamen und drei Rosmarinspitzen. Anschließend reibst du noch ein wenig Muskatnuss über die Gewürzmischung. Nun erhitze so viel Wein, dass du zwei volle Becher daraus bekommst, und streu unter ständigem Rühren mit einem Haselzweig die Gewürze hinein. Lass deinen Glühwein kurz aufkochen und nimm ihn dann vom Herd. Nachdem du ihn kurz hast ziehen lassen, trinkt ihn, so heiß es geht.

Ein solcher Trank empfiehlt sich natürlich vor allem im Winter. Im Sommer dürften die lieben Liebenden damit allerdings leicht ins Schwitzen geraten. Um aber auch in dieser Jahreszeit für alle Fälle gerüstet zu sein, haben wir hier noch ein Rezept für einen Liebes-Kräutertee parat, der ebenso gut kalt getrunken werden kann.

Geh hinaus ins Freie und schneide von einer samen-
den Brennnesselpflanze (die natürlich nicht gerade
neben einer Straße wächst) drei Zweiglein ab.
Außerdem benötigst du Eisenkraut, das du ebenfalls
draußen finden kannst. (Notfalls besorgst du es dir
in der Apotheke.) Weiterhin brauchst du Minze,
eine Prise Salbei und ein paar Blättchen Lieb-
stöckel. Hast du alles beisammen, braust du an ei-
nem guten Tag mit Quellwasser einen Tee, in den du
zuerst die Minze, dann die übrigen Zutaten mischst
und neun Minuten ziehen lässt. Zum Schluss fügst
du ein klein wenig Apfelessig und, wenn du möch-
test, auch einen Spritzer Zitrone hinzu.

Die Wirkung eines solchen aphrodisischen Liebestrankes
lässt sich erhöhen, indem er dem Liebsten durch einen Ring,
den man stets trägt, in den Becher gegossen wird. Überhaupt
kann sich das findige Mädel – nachdem sie durch dieses Buch
schon eine ganze Reihe Rezepte und grundsätzliche Techni-
ken erlernt hat – hier ruhig schöpferisch betätigen und das
vorgegebene Thema nach Gutdünken ausarbeiten!

Neben Tee und Wein eignet sich auch Brühe sehr gut, um
Ihm auf die Sprünge zu helfen. Hierin lässt sich völlig unauf-
fällig eine große Portion Liebstöckel unterbringen. Die Brühe
muss natürlich selbst gekocht sein, und zwar aus dem
Fleisch eines männlichen Tieres. Hineinzugeben wären auch
sieben oder neun zerstoßene Apfelkerne, Lorbeersamen,
Nelken und ein Schuss Rotwein. Schließlich kann man zur
Sicherheit noch ein wenig Moschus und Ambra hinzufügen.
(Sofern man an so was herankommt natürlich!)

Übrigens lassen einen die Haselstrauchfeen auch mit diesem Problem nicht allein, denn ein Rezept aus dem fünf-

zehnten Jahrhundert weiß, dass »jung haselstaudenrinden« der Manneskraft äußerst förderlich sei. Die Rinde muss von einem Ast stammen, der einen anderen berührt, sie muss zerstampft werden und mehrere Tage hintereinander in Quellwasser getrunken werden. »So schaffstu mit einer frauen nach deinem willen.«

Wer mag, kann sich auch eine Flasche aphrodisischen Wein in einer der großen Zaubernächte – den Abenden vor Johanni, Walpurgis oder Allerheiligen – zubereiten und ihn bei passender Gelegenheit verwenden. Wobei mit »passender Gelegenheit« nicht unbedingt sexuelle Pannen gemeint sind. Keine der bislang erwähnten oder im nächsten Rezept genannten Zutaten ist (natürlich maßvoll genossen!) in irgendeiner Weise schädlich, im Gegenteil: Sie haben eine insgesamt positive, wohltuende Wirkung, mal ganz abgesehen von der magischen Kraft, die sie zusätzlich besitzen!

Wieder einmal brauchst du Rotwein. Vor dem Abend, an dem du deine Mixtur zubereiten willst, besorgst du dir: je einen Teelöffel Kardamom- und Gartenkressesamen, drei Gewürznelken sowie je eine Prise Leinsamen, Thymian, Rosmarin, Petersilie, Ingwer, Vanille und Muskat. Wer es etwas süßer mag, kann auch noch Honig und Zimt hinzufügen. Diese Ingredienzien müssen sorgfältig nacheinander im Mörser zerrieben werden, wobei du die ganze Zeit intensiv an das denken solltest, was du mit diesem Zauberwein bezweckst. Anschließend verrührst du alles miteinander, gibst es in den Wein und erhitzt diesen bis kurz vor dem Siedepunkt. Lass den Wein noch neun Minuten lang neben dem Herd ziehen, dann kannst du ihn durch ein feines Sieb

in eine bereitgestellte hübsche Flasche gießen. Stöpsel ihn gut zu und hol ihn hervor, wenn dir oder euch danach ist.

Zehntes Kapitel

Kein Zauber ohne Gegenzauber

Da haben wir also ein ganzes Büchlein lang unser Bestes getan, aus Singles Pärchen und aus Pärchen Paare zu machen, und nun sollten wir das Gegenteil erreichen wollen? – Nein, das haben wir natürlich nicht vor. Aber es muss doch auch einen Rettungsanker für solche geben, die *nicht* unbedingt verliebt sein möchten.

Erinnern wir uns an das, was wir im letzten Kapitel über die wahre Liebe sagten: Die Partner sollten nach Möglichkeit in Herz *und* Geist *und* Körper zusammenpassen. Nehmen wir an, ein Mädchen sei nun nicht mit dem Herzen, nicht mit dem Geist, sondern rein sexuell an einen Mann gebunden oder von ihm fasziniert. Sie *will* das eigentlich aber überhaupt nicht, weil sie überzeugte Vegetarierin ist, er dagegen auf blutige Steaks steht und begeistert dem sogenannten »edlen« Waidwerk frönt. Für sie wäre ein hübscher, einfacher, aber wirksamer Gegenzauber also genau das Richtige.

Eine andere ist, sagen wir mal, mit einem (unter der Achsel getragenen!) Brötchen gefüttert und bezaubert worden. Allerdings ist der Mann, der ihr das antat, vierzig Jahre älter als sie, impotent und zahnlos. Hat sie dann nicht das Recht, sich wieder loszuzaubern, und zwar so schnell es geht? Um sich einen passenderen Gefährten zu suchen? Auch für sie gibt es daher dieses Kapitel.

Wenn du nicht mehr an eine bestimmte Person gebunden sein willst, brauchst du lediglich drei kleine Sicherheitsnadeln. Sprich für dich allein in deinem Zimmer, am besten nachts, über diese Nadeln tausendmal hintereinander die Beschwörung: »Mit euch zersteche ich die Liebe, die mich an XY bindet!« Warte einen Zaubertag ab und such dann eine Gelegenheit, dich der betreffenden Person unauffällig zu nähern. Steck ihr dann die drei Nadeln beispielsweise in das Innenfutter der Jacke oder des Mantels. Sprich bei jeder Nadel noch einmal für dich: »Hiermit zersteche ich die Liebe, die mich an XY bindet.«

Im ersten Moment erscheint es vielleicht verwunderlich, dass sich die Methoden, Liebe zu bewirken und Liebe abzutöten, teilweise verblüffend ähneln. Nicht einmal die verwendeten Substanzen oder Hilfsmittel unterscheiden sich nennenswert voneinander. Wie wir gesehen haben, werden Nadeln gerade auch verwendet, um Liebe zu erzaubern.

Bei näherer Überlegung erscheint es aber doch einsichtig, gewissermaßen Feuer mit Feuer zu bekämpfen, einen Zauber durch eine ähnliche Zauberhandlung zu neutralisieren. Der Unterschied zwischen Zauber und Gegenzauber liegt zum einen im anders gearteten, oft genau gegenteili-

gen Umgang mit denselben Substanzen. Die Nadel kann ja schließlich nicht nur in der Magie, sondern auch im täglichen Leben die verschiedensten Aufgaben erfüllen: Man kann sie benutzen, um einen Kleidersaum umzunähen, einen Dorn aus dem Finger zu entfernen, Blut abzuzapfen oder den Einkaufszettel an die Pinnwand zu heften.

Ebenso kann man mit Nadeln eine kleine Wachspuppe in eindeutig übler Absicht durchbohren (was natürlich keiner von uns tun wird!!) oder ein Hammelherz liebevoll spicken, damit auch »sein« oder »ihr« Herz vom Pfeil Amors getroffen wird und in Liebe entbrennt.

Der zweite wesentliche Unterschied liegt in den Beschwörungsformeln, die jeweils verwendet werden. Die Macht des Wortes, zumal, wenn es oft genug wiederholt wird, ist nicht zu unterschätzen. Nicht umsonst gibt es das schöne deutsche Verb »(sich oder anderen etwas) einreden«. Wenn wir uns nur lange genug etwas vorsagen, wie beispielsweise: »Ich bin weiß Gott eine fette Kuh!«, dann glauben wir irgendwann wirklich, wir seien eine fette Kuh. (Oder ein nichtsnutziger Versager, oder was Männer sich eben so einreden.)

Reden wir uns dagegen – in eine mehr oder weniger hübsche Formel gebracht – immer wieder laut ein, dass uns der, in den wir bis vor fünf Minuten unsterblich verliebt waren, ab sofort völlig kalt lässt, dann wird er uns früher oder später wirklich schnurz und schnuppe sein. Wobei eine solche »Selbstbeschwörung« in Verbindung mit einem entsprechenden Zauber natürlich wesentlich schneller wirkt. Als Verschen wäre etwa zu verwenden:

> *Ich hab nun wieder freie Wahl!*
> *Denn Robin ist mir schietegal!*

Oder:

> *Den Robin lieb ich gar nicht mehr,*
> *Es muss sofort ein Neuer her.*

Mit letztgenanntem Vers schlägt man sogar zwei Fliegen mit einer Klappe, beschwört man sich damit doch schon den Nächsten herbei, indem man dem Alten abschwört! Aber hier sollte jede/r selbst kreativ werden; wir wollten mit unseren Verschen lediglich ein paar Denkanstöße liefern.

Einen weiteren »Entzauberungszauber«, den jeder leicht durchführen kann, hat zu Anfang des achtzehnten Jahrhunderts passenderweise ein Arzt aufgeschrieben. Er wiederum hatte ihn von einem Schulrektor, seinem Freund, aus erster Hand erfahren. Das Einzige, was man hierzu benötigt, sind ein Paar neue Schuhe und Johanniskraut. Da es sich um eine nette Geschichte handelt, sei sie hier – zum Nachahmen – erzählt:

> *Es war in Halberstadt ein Schreinergeselle, dem ein Mädchen etwas beigebracht hatte, dass er von ihr nicht lassen konnte. Seine Mutter kaufte ihm ein Paar neue Schuhe und stopfte Johanniskraut hinein. In diesen Schuhen musste der Schreinergeselle fast im Trab von Halberstadt nach Wernigerode laufen, dass ihm der Schweiß über den Kopf und die Wangen herabtröpfelte. Wie er dorthin kam und sich ein wenig abgekühlt hatte, ließ er sich eine Kanne Weißbier geben, goß den Inhalt der Kanne nach und nach in den rechten Schuh und trank stehend und geschwind das Bier aus dem Schuh aus. Darauf wurde er der Dirne spinnefeind, so dass er nicht einmal ihren Namen ohne Ungeduld mehr anhören mochte.*

Die Mutter des Schreinergesellen hatte diese Methode aber keineswegs selbst ersonnen, denn bereits Albertus Magnus beschrieb sie im 13. Jahrhundert in seinem *Buch der Geheimnisse*. Seiner Ansicht nach kann man ebensogut Wein aus dem Schuh trinken, aber auch er betont, man müsse an den Füßen unbedingt schwitzen und es müsse der rechte Schuh sein, aus dem man trinkt.

Während man sich Wein statt Bier durchaus gefallen lassen kann, wird in einer sehr viel späteren Quelle eine weniger saubere Einlage verwendet, nämlich Urin. Wir erwähnen das nur der Vollständigkeit halber, nicht, dass jemand sich damit seine neuen Schuhe ruiniert!

Im Übrigen ist dieser Zauber nicht unbedingt einer der naheliegendsten, denn was, so könnte man fragen, hatte die Rennerei und das Weißbiertrinken in der Geschichte mit der »Dirne« zu tun? Wir sind aber sicher, dass auch zu diesem Rezept eine Beschwörung gehörte, die der Schreinergeselle bei seinem Dauerlauf vor sich hinmurmelte. Derart selbstverständliche Zusätze konnte man sich zu einer Zeit, in der solche Zaubereien gang und gäbe waren und jeder wusste, was Sache war, natürlich unbesorgt sparen.

Ein weiteres Mittel, das oft benutzt wurde, um das eigene Herz auszumisten und damit den Weg für eine neue Liebe freizumachen, ist im Gegensatz zum eben angeführten durchaus einleuchtend. Man *verbrennt* die Liebe! Zu diesem Zweck kann man sich Elsterfedern besorgen, mit ihnen den oder die bisherige Liebste berühren und anschließend feierlich (an einem guten Tag, versteht sich!) verbrennen.

 *Willst du die Liebe loswerden, die dich an einen anderen Menschen bindet, beschaff dir von ihm oder ihr ein getragenes T-Shirt, eine Bluse oder ein Hemd.*

Schneide unter der linken Achsel ein Stück heraus und warte nun einen guten Tag ab. Entzünde aus Haselholzstöckchen ein kleines Feuer. (Pass auf, dass du dabei keinen Brand auslöst!) Murmel dabei eine Beschwörung. Wirf das Stoffstück in die Flammen und sieh zu, dass es restlos verbrennt. Nun sammelst du die Überreste deines Feuers ein, gehst mit ihnen zu einem fließenden Gewässer und streust alles (während du deine Beschwörung murmelst) hinein. Geh, ohne dich umzudrehen, wieder nach Hause.

Wer seine Liebe aber lieber zu Grabe tragen als sie verbrennen möchte, braucht nicht zu verzweifeln, denn auch für ihn gibt es das passende Zauberrezept:

Du benötigst je einen Zweig von einer Myrte und von einem Tränenden Herz. Beides kannst du in der Gärtnerei erhalten. Weiterhin benötigst du einige Blätter der Kreuzblume, deren Beschaffung vielleicht etwas schwieriger ist (siehe Anhang). Falls du sie in der Natur nicht finden kannst, besorg sie dir in der Apotheke. Nun schreibst du auf einen Zettel dreimal untereinander eine Beschwörung. Such dir anschließend einen guten Ort, am besten einen ruhigen Kreuzweg. Geh an einem der Zaubertage schweigend dorthin, grab mit einem Haselstock ein Loch und leg die Pflanzen und deinen Zettel hinein. Falls du eines besitzt, kannst du auch ein Foto desjenigen, von dem du frei werden möchtest, zerrissen mit hineinlegen. Dazu murmelst du dreimal, dass deine Liebe zu XY erstorben sei. Geh, ohne dich umzudrehen, nach Hause.

Vielleicht sollten wir zum Abschluss dieses Büchleins noch ein nicht unwichtiges Wort hinzufügen. Mit einem Liebeszauber können wir zwar einen Menschen *anziehen*, aber nicht bewirken, dass wir uns auf Dauer mit ihm verstehen. Wer es also mit einem solchen Zauber versuchen will, sollte sich vorher schon sicher sein, dass hier wirkliche Zuneigung der Grund ist.

Man sollte jemanden also nicht aus bloßer Eitelkeit an sich ziehen wollen, beispielsweise weil er der bestaussehende Typ der Schule (oder Firma) ist und alle hinter ihm her sind.

Denn was, wenn sie ihn dann tatsächlich am Hals hat und merkt, dass sie nichts mit ihm anfangen kann? Weil er nichts als Fußball im Kopf hat, während sie doch viel lieber tanzen gehen würde? Oder weil er leidenschaftlich gern Cello übt und ihr damit den letzten Nerv tötet? Oder weil sie im Grunde ihres Herzens den Außenseiter eigentlich viel lieber mochte, sich aber vor ihren Freundinnen nicht traute, zu ihrer Zuneigung zu stehen?

Also möglichst keine Spielchen in Sachen Liebe – und vor allem: Vorsicht mit den Liebeszaubern, denn sie wirken!

Wo finde ich was?

Hinweise zu den verwendeten
Zauberpflanzen

Baldrian (Valeriana officinalis): Baldrian wird bis über einen Meter hoch, hat vom Stengel abgehende gefiederte Blätter und oben weiße Blütenbüschel, die sich aus vielen kleinen Blütchen zusammensetzen. Du findest die blühende Pflanze ab Juni an Wegrändern, auf Schutthalden, aber auch auf feuchten Wiesen. Es nützt nichts, an der Pflanze zu riechen, denn nur die getrocknete Baldrianwurzel entwickelt den typischen Geruch.

Beifuß (Artemisia vulgaris): Im Sommer ist der Beifuß an Wegrändern kaum zu übersehen, aber doch recht unauffällig mit seinen etwas filzigen schmalen Blättchen und den vielen winzigen rötlichen Blütchen, die an den Stengeln sitzen. Er wird über 1,50 Meter hoch und bildet meist einen umfangreichen Busch. Er wächst überall – an Bahndämmen, auf Schutthalden, an Straßen und Böschungen und anderswo –, wo es eher trocken und sonnig ist.

Eisenkraut (Verbena officinalis): Wenn sich eine Blume klein und unauffällig macht, dann das Eisenkraut. Die kleinen blassblauen Blüten sitzen an sparrigen, oben kahlen Stengeln, die etwa 50 cm hoch werden. Weiter unten gehen fiederlappige Blättchen ab. Eisenkraut beginnt Ende Juni zu blühen und wächst wie der Beifuß an Wegrändern, auf Schuttplätzen, in Mauerritzen und an anderen Stellen, wo es trocken und sonnig ist.

Holunder (Sambucus nigra): Den Holunder brauchen wir wohl kaum zu beschreiben, denn seine großen weißen Doldenblüten dürfte jeder kennen. Im Herbst trägt er schwarze Beeren, die leicht süßlich schmecken. Er wächst eigentlich überall, und auch in den Städten findet er sich in jedem Park.

Johanniskraut (Hypericum perforatum): Wenn du im Juli auf einem Bahndamm, dort, wo kaum Erde ist, eine Pflanze mit kleinen ovalen Blättchen, verästelten Stengeln und vielen kleinen gelben, sternförmigen Blüten mit winzigen, roten Pünktchen siehst, ist es ziemlich sicher Johanniskraut. Es ist sehr genügsam, wächst an Straßenrändern und Wegen, auf Waldlichtungen und auf trockenen Abhängen. Wenn du es gezielt suchen möchtest, fahr am besten zu einem wenig befahrenen Streckenabschnitt der nächsten Bahnlinie. Du kannst dir dort auch ein kleines Pflänzchen ausgraben und es in einem Blumentopf großziehen.

Klee: Vierblättrigen Klee musst du *finden*. Der Silvester-Klee gilt nicht!

Kreuzblume (Polygala vulgaris): Wer sie nicht kennt, übersieht sie mit Sicherheit. Die Pflanze ist nämlich sehr klein,

die Stengel liegen auf dem Boden auf, und die blauen Blütchen sind recht unauffällig. Die Blättchen sind länglich und gehen versetzt vom Stengel ab. Wer in sandigen Gegenden wohnt, der kann sie leicht finden, denn sie liebt heidige sonnige Flächen. Sie blüht ab Mai bis in den September hinein.

Liebstock oder **Liebstöckel**, besser bekannt als **Maggikraut** (Levisticum officinale): Du bekommst den Liebstock in jedem Gartencenter. Er wächst völlig problemlos in einem Topf auf dem Balkon und natürlich in jedem Garten. Er darf nur nicht zu dunkel stehen und benötigt ausreichend Wasser.

Majoran (Origanum vulgare): Der Majoran wächst wie das Johanniskraut mit Vorliebe an trockenen sonnigen Hängen, an Bahndämmen und an Wegrändern. Er wird bis zu 50 Zentimeter hoch. Aus einer Wurzel kommen immer mehrere Stengel hervor, an denen viele kleine ovale Blättchen sitzen. Die winzigen Blütchen sitzen ganz oben an den Stengeln und sind rosa bis lilafarben. Sie erscheinen ab Juli. Wenn du dir nicht sicher bist, ob die Pflanze wirklich Majoran ist, zerreib ein Blättchen zwischen den Fingern. Es riecht stark aromatisch, ein bisschen wie Thymian. Die Blüten sind immer von Bienen und Schmetterlingen umschwärmt.

Mohn (Papaver rhoeas): Den Klatschmohn brauchen wir nicht zu beschreiben. Du findest ihn etwa ab Mai an Straßenböschungen, auf Feldern und an Wegrändern. Er ist ja nicht zu übersehen.

Myrte (Myrtus communis): Kleine Myrtenpflanzen bekommst du in jedem Gartencenter und auch in größeren Blumengeschäften. Sie brauchen Sonne und ausreichend Feuch-

tigkeit. Im Sommer fühlen sie sich auf dem Balkon am wohlsten. Sie werden am besten mit Regenwasser gegossen.

Rainfarn (Tanacetum vulgare): Auch der Rainfarn gehört zu den anspruchslosen Pflanzen, die mit Vorliebe an Feldrainen und auf Schuttplätzen wachsen. Im nördlichen Deutschland säumt er regelrecht Straßen und Wege. Er wird über einen Meter hoch und ist ab Juni an seinen gelben Knöpfchenblüten leicht zu erkennen, die zu mehreren am Stengelende sitzen. Vom Stengel gehen viele gefiederte Blätter ab.

Rosmarin (Rosmarinus officinalis): Rosmarinpflanzen gibt es vor allem im Frühjahr in jeder Gärtnerei. Im Sommer gedeihen sie am besten auf dem Balkon oder an einer sonnigen Stelle im Garten. Dann wird er im Frühjahr vielleicht auch blühen. In unseren Breiten kann Rosmarin allerdings nur bedingt unbeschadet den Winter im Freien überstehen. An geschützten Stellen, und wenn du ihn gut mit Stroh abdeckst, kann er aber auch das ganze Jahr draußen bleiben. Im Topf gezogen braucht er ausreichend weiches Wasser und muss hin und wieder gedüngt werden.

Salbei (Salvia officinalis): Auch den Salbei kaufst du im Gartencenter. Er ist leicht im Topf auf dem Balkon zu halten und wächst sehr rasch. Im Garten braucht er eine sonnige Stelle und leichten Winterschutz.

Von Abracadabra bis Ziegenbock

Übersinnliche Nachschlage- und Schmökerwerke
von Ditte und Giovanni Bandini

Kleines Lexikon des Aberglaubens
dtv 20210

Warum soll eine Schwangere keinesfalls aus einer angeschlagenen Tasse trinken? Wie kann man seinen Schnupfen schnell und effektiv »abgeben«? Die Autoren erzählen anschaulich, spannend und informativ zugleich von Zauberkräften, Orakeln und mythischen Wesen.

»Eines der unterhaltsamsten Lexika der Jetztzeit.«
Thüringer Allgemeine Zeitung

Kleines Lexikon des Hexenwesens
dtv 20290

Sie hassen Mobiles und lieben Butter, reisen in Wirbelwinden, machen schwanzlose Mäuse und zaubern rote Milch. Diese und viele andere volkstümliche Ansichten über die »Unholden« oder die »Weisen Frauen«, Anekdoten, Geschichten und Geschichtliches sind in diesem kurzweiligen Band nachzulesen.

**»Spannender hätte eine Einführung in das Thema
kaum ausfallen können.«**
Norddeutscher Rundfunk

Alles Zauberei?

Hokus Pokus, liebe mich

und fünfzig andere Zauberrituale
Von Helen Glisic
dtv 20094

Magie ist, wenn…
man an sie glaubt, die Fantasie spielen lässt, die Kräfte der
Natur positiv umsetzt. Unseren Alltag verzaubern Liebes-
kissen, Talismane, Hochzeits- und Willkommensrituale,
aber auch Freundschafts-, Glücks- und Harmonieöle,
Wohlfühlbäder und Beschwörungsformeln. Pech und
Schwefel sind als Zaubermittel längst passé; die Magier-
(innen) von heute arbeiten mit Kerzen, Farben, Symbolen,
Kristallen, Ölen und Essenzen. Im Zentrum steht die Liebe,
doch auch für Familie und Freundschaft, Gesundheit und
Erfolg gibt es den richtigen Zauber.

Wie du deinen Ex-Prinzen in eine Kröte verwandelst und andere Hexensprüche für böse Mädchen

Von Deborah Gray und Athena Starwoman
dtv 20014

Deborah Gray und Athena Starwoman haben mit dieser
Sammlung uralter und neuer Hexensprüche das erste inter-
aktive Zauberbuch für das nächste Jahrtausend zusammen-
gestellt. Es enthält ausschließlich Weiße Magie und ist daher
nicht nur für böse Mädchen geeignet. Die besten Hexensprüche der bezauberndsten Hexen sind hier versammelt:
Hexensprüche für Liebe, Sex, Gesundheit, Schönheit, Geld
und Erfolg, Haus und Familie sowie eine glückliche
Zukunft. Und sie sind garantiert für den Hausgebrauch.

Who's who bei dtv

Von Ariel und Asterix
bis Zeus und Zacharias

Who's who in der Oper
Von Silke Leopold und
Robert Maschka
dtv/Bärenreiter 32530
Ein Abc der Opernfiguren
aus vier Jahrhunderten,
von Monteverdi bis Orff.

Who's who im Comic
Von Jürgen Kagelmann
dtv 32531
Ein Nachschlagewerk für
alle Comicfans und solche,
die es werden wollen.

Who's who der Tiere
Von Rudolf Schenda
dtv 32532
Mythen, Märchen und
Geschichten über hundert
wilde und zahme Tiere.

**Who's who bei
Shakespeare**
Von Rolf Vollmann
dtv 32533
Unterhaltsame Informa-
tionen zu Romeo, Julia
und allen anderen.

**Who's who in der antiken
Mythologie**
Von Gerhard Fink
dtv 32534
Wissenswertes über 800
Figuren aus der Antike.

Who's who bei Goethe
Von Michael Lösch
dtv 32535
Was das Werk Goethes im
Innersten zusammenhält:
Alles über die wichtigen
Figuren und die Rollen, die
sie spielen.

Who's who in der Bibel
Von Peter Calvocoressi
dtv 32536
Die Geschichten von mehr
als 450 Gestalten aus dem
Alten und Neuen Testa-
ment sowie den Apokry-
phen.

Who's who im Märchen
Von Ulf Diederichs
dtv 32537
Ein Lexikon der Märchen-
gestalten – die Geschich-
ten, Deutungen und Paral-
lelen zu anderen Märchen-
traditionen.

Who's who der Vornamen
Von Ernö und
Renate Zeltner
dtv 32538
Erläuterungen zu zahlrei-
chen Frauen- und Männer-
namen und darüber, wer
ihnen Ehre gemacht oder
Schande bereitet hat.

Ama Holman Edelman

Das kleine Schwarze
dtv 36212

Das kleine Schwarze ist mehr als nur ein Kleidungsstück und Schwarz nicht irgendeine Farbe. Seit Coco Chanel 1926 das erste kleine Schwarze präsentierte, umweht dieses Kleid ein Hauch von Verführung, Reife, Erfahrung, Sex. Ob an Catherine Deneuve in ›Belle de Jour‹, Audrey Hepburn in ›Frühstück bei Tiffany‹ oder Rita Hayworth in ›Gilda‹: Das stilvolle kleine Schwarze hat Filmgeschichte gemacht und gehört mittlerweile längst zur Basisgarderobe jeder mode-bewußten Frau.

Amy Holman Edelman verfolgt den Siegeszug dieses phä-nomenalen Kleidungsstücks und zeigt, daß die Geschichte des kleinen Schwarzen zugleich eine Geschichte weiblicher Emanzipation ist.

»Wer sich für Mode interessiert, kann sich an den über 100 Fotos in ›Das kleine Schwarze‹ von Amy Holman Edelman bestimmt nicht satt sehen.«
Express Köln

„Suchtgefahr!«
Die Zeit

Entspannung für Körper und Geist

Dr. Bernt Hoffmann
Handbuch Autogenes Training
Grundlagen, Technik,
Anwendung
<u>dtv</u> 36004

Ray Ridolfi,
Susanne Franzen
Das große Shiatsu-Handbuch für Frauen
Mit Zeichnungen von
Peter Cox
<u>dtv</u> 36065

Rob Nairn
Mit dem Drachen fliegen
Ruhe und Klarheit
durch Buddhismus
und Meditation
<u>dtv</u> 36070

Cai Pfannstiel
Der Sonnengruß
Mit Yoga den Tag
beginnen
Mit Fotos von
Margret Uhrmeister
<u>dtv</u> 36071

Arthur Sokoloff
Die Kraft der Gelassenheit
Fernöstliche Weisheiten
für einen streßfreien
Alltag
<u>dtv</u> 36090

Bob Anderson
Stretching im Büro
Fit und entspannt an Computer und Schreibtisch
Mit Zeichnungen von
Jean Anderson
<u>dtv</u> 36096

Ayya Khema
Meditation ohne Geheimnis
<u>dtv</u> 36138

Drukpa Rinpoche
Tibetische Weisheiten
Herausgegeben von
Jean Paul Bourre
Mit Fotos von
Margret Uhrmeister und
Peter Hinreiner
<u>dtv</u> 36143

Thich Nhât Hanh
Unsere Verabredung mit dem Leben
Buddhas Lehre vom Leben
im gegenwärtigen Augenblick
Mit Fotos von
Peter Hinreiner
<u>dtv</u> 36145

Deepak Chopra
Lerne lieben, lebe glücklich
Der Weg zur spirituellen
Liebe · <u>dtv</u> 36170

John O'Donohue im dtv

John O'Donohue nimmt uns mit in die spirituelle Welt
der Kelten auf eine intime Reise zu uns selbst.

Anam Ċara
Das Buch der keltischen Weisheit
dtv premium 24119

Anam ist das gälische Wort für Seele, Ċara heißt Freund.
Anam Ċara bedeutet also »Seelenfreund«. Die Kelten be-
saßen eine tiefe Einsicht in das Wesen der Liebe und der
Freundschaft. John O'Donohue enthüllt in diesem Buch
keltische Geheimnisse, die die Leser in unserer hektischen
Zeit in harmonischen Einklang mit der Welt bringen und
das Leben reicher machen.

Echo der Seele
Von der Sehnsucht nach Geborgenheit
dtv premium 24180

Noch nie war der Hunger nach Zugehörigkeit so quälend
wie heute. Die Geborgenheit, die wir in der Zugehörigkeit
erfahren, schenkt uns Kraft; sie bestätigt in uns eine Stille
und Gewissheit des Herzens. Sie befähigt uns, äußeren
Druck und Verwirrung zu ertragen, und sie versichert uns
des Bodens, auf dem wir stehen.

Landschaft der Seele
dtv premium 24223

Die meditativen Texte und Gedichte John O'Donohues
entfalten zusammen mit den eindrucksvollen Fotos des Iren
Fergus Bourke eine wahrhaft magische Wirkung. Dunkle
Wolken, einsame Weiten, rauhe Berge, zerklüftete Felsen,
bewegtes Wasser, der Wind in den Gräsern – Landschaften
so wechselhaft wie das menschliche Leben. In einer konge-
nialen Verbindung mit den Fotos regen die Texte zu eigener
Betrachtung und Einkehr an.